dtv

Der Begriff Autonomie hat in den letzten Jahren an Bedeutung gewonnen. Als Demonstration der eigenen Stärke und Überlegenheit ist das Streben nach einer so verstandenen Autonomie jedoch ein Kind unserer modernen Leistungsgesellschaft – und ein folgenreiches Mißverständnis. Denn wirkliche Autonomie ist, wie der Psychoanalytiker Arno Gruen in diesem Buch überzeugend darlegt, der Zustand, in welchem der Mensch sich in voller Übereinstimmung mit seinen Gefühlen und Bedürfnissen befindet. Gerade aber durch das herrschende Erfolgs- und Leistungsdenken ist vielen der Zugang zu ihrem Selbst versperrt: Die durch den Erziehungsdruck eingeleitete Anpassung läßt Lebendigkeit, Kreativität und Liebesfähigkeit verkümmern. Dieser Verlust erzeugt Abhängigkeit und Unterwerfung. Arno Gruen analysiert die menschlichen Entwicklungsstufen und Lebenssituationen, innerhalb derer Autonomie blockiert wird. So zeigt er unter anderem, wie die Unterdrückung der Frau oder die seelische Verarmung des Mannes als Folge mangelnder Autonomie Ausdruck einer Grundstörung sind. Neben den pathologischen Formen befaßt er sich ausführlich mit der Abnormität des vermeintlich Normalen. Das Buch geht weit über die Grenzen der Psychatrie hinaus, denn es fragt nach dem Menschsein in der heutigen Gesellschaft. »Das Buch eines Gelehrten und Utopisten. Wir haben solche nötig.« (Martin Roda-Becher)

Arno Gruen, am 26. Mai 1923 in Berlin geboren, emigrierte 1936 in die USA, wo er 1961 als Psychoanalytiker bei Theodor Reik promovierte. Tätigkeiten an verschiedenen Universitäten und Kliniken, zuletzt Professor an der Rutgers Universität, New Jersey. Daneben seit 1958 psychotherapeutische Privatpraxis. Zahlreiche Publikationen in Fachzeitschriften und Zeitungen. 2001 wurde Gruen mit dem Geschwister-Scholl-Preis für ›Der Fremde in uns‹ ausgezeichnet. Weitere Publikationen: ›Der Wahnsinn der Normalität‹ (1987), ›Der Verlust des Mitgefühls‹ (1997). Arno Gruen lebt seit 1979 in der Schweiz.

Arno Gruen

Der Verrat am Selbst

Die Angst vor Autonomie bei Mann und Frau

Vorwort von Gaetano Benedetti

Deutscher Taschenbuch Verlag

Von Arno Gruen
sind im Deutschen Taschenbuch Verlag erschienen:
Der Wahnsinn der Normalität (35002)
Der Verlust des Mitgefühls (35140)

Originalausgabe
Juli 2002

www.dtv.de

Dieses Buch erschien zuerst im Causa Verlag, München 1984.
Umschlagkonzept: Balk & Brumshagen
Umschlaggestaltung unter Verwendung einer Fotografie von
© photonica/Steve Edson
Gesamtherstellung: Druckerei C. H. Beck, Nördlingen
Gedruckt auf säurefreiem, chlorfrei gebleichtem Papier
Printed in Germany · ISBN 3-423-08581-9

Inhalt

Vorwort von Gaetano Benedetti 7
Einleitung 11

I Autonomie und Anpassung: Der grundlegende Widerspruch in der Entstehung des Selbst 15
Das Problem der Autonomie: die Lernerfahrung der Leere 17
Der eigentliche Weg der Autonomie 21
Die Empathie als Katalysator der Autonomie 24
Die Verschleierung der Autonomie 28
Die Angst vor der Autonomie und vor der Freiheit, ein eigenes Selbst zu haben 35
Der Gehorsam ersetzt Autonomie und führt zur Entmenschlichung 41
Autonomie und Anpassung 45

II Über Abstraktion: Die Verminderung und Zerstörung des menschlichen Erlebens 47
Geschichtliche Entwicklung 52
Ein Beispiel 55
Haß, Selbsthaß und das Böse als Flucht vor dem Selbst 59
Das reduzierte Selbst 61
Der Außenseiter und Versager 63

III Die Entmenschlichung des Mannes und die Unterdrückung der Frau 79
Die Sucht nach Macht 81
Ödipus als Ausdruck des männlichen Mythos der Macht 90
Die Angst vor der Lebendigkeit 91
Männer sind mehr geschädigt 94
Bewunderung 98
Nochmals Ödipus 100
Die »Überlegenheit« 103
Erlösung und »Heiligkeit« 104

IV Ohne Vergangenheit kann man nicht über sich selbst lachen: Die Bedeutung der Stimulation für das Lebendigsein 115

V Patienten in der Psychotherapie 129

VI Das Ringen um das Selbst und sein Verrat 143

Nachwort 153

Anhang 163
Anmerkungen 165
Literaturverzeichnis 172
Namenregister 179

Vorwort

Die Wurzeln des Bösen, des Negativen, des Psychopathologischen sind mannigfaltig. Der Autor dieses Buches, ein bewährter Psychotherapeut, untersucht sie von einem bestimmten, höchst bedeutsamen Gesichtspunkt aus: von der Blockierung der Autonomie im Sozialisierungsprozeß.

»Die Art der persönlichen Integration«, heißt es schon auf der ersten Seite der Einleitung, »ist eine Folge der Entwicklungsmöglichkeiten für Autonomie, welche in der Lebenssituation enthalten sind. Die Fehlentwicklung der Autonomie wird dadurch zum Kern des Pathologischen und letzten Endes des Bösen im Menschen.«

Der Terminus »Autonomie« stammt bekanntlich von Erik Erikson, in dessen Denken dieser – mit Recht – nur eine Dimension, wenn auch eine sehr wichtige, des seelischen Wachstums ist. Ihr zugrunde liegt das »Urvertrauen«.

Was uns aber heute not tut, ist eine Untersuchung der entwicklungsgeschichtlichen Zerrformen eines entsprechenden verpaßten Wachstums. Zu einer solchen Untersuchung leistet das Buch von Arno Gruen einen bedeutenden Beitrag, der die ganze Spannweite zwischen Pathologischem im engeren psychiatrischen Sinne und soziopsychologisch Abnormem im Rahmen der Norm (»Wahnsinn der geistigen Gesundheit«, wie der Autor formuliert) umfaßt.

Die vorliegende Arbeit ist die Frucht einer ganzen psychotherapeutischen Lebenserfahrung des Autors, die ich in ihren Vorstufen als einzelne Aufsätze seit Jahren zu verfolgen die Gelegenheit hatte. Die Grundachse dieser Erfahrung stimmt mit wesentlichen Aspekten meiner Psychotherapie bei psychotischen Menschen überein – deren Behandlung übrigens auch eine Quelle der Erkenntnisse Gruens bildet.

Was mich mit den Ausführungen des Autors besonders verbindet, ist die psychotherapeutische Erfahrung, daß das, was wir als Psychopathologie beschreiben, sowohl als der Verlust von Autonomie als einer Grunddimension mitmenschlichen Daseins erscheint wie auch als die abnorme Vertretung einer solchen in der Gestalt des Leidens angesehen werden kann. Ein tiefes Bedürfnis unserer Patienten, das während der Kindheit im Sozialisierungsprozeß nicht integriert wurde, kann so »in den Untergrund gehen« (Gruen) und sich zum Beispiel durch eine Wahnvorstellung in der Psychose ausdrücken, die uns dann als Symbol dafür erscheint, daß es in der »Realität« keinen Platz gibt für die soziale Selbstverwirklichung des Anliegens, des Triebes, des entsprechenden Ich-Vollzuges.

Wo aber das Leiden nicht entsteht, wo die Anpassung an eine die Möglichkeiten der Kreativität und Autonomie opfernden Realität der Macht stattfindet, sehen wir die eigentlichste Perversion des Menschseins, des Menschen, der sich biopsychisch durchsetzt, weil er andere Menschen geistig, als Identität und Schöpferkraft, verkümmern läßt.

Das Leiden des Patienten erscheint uns hingegen nicht mehr nur als ein Minuszeichen des Daseins, nicht bloß (wie freilich auch) ein »Verrat am Selbst« durch den einzelnen und seine Gesellschaft, sondern auch als der verzweifelte Versuch des so Verratenen und Mitverratenden, das verpaßte und bewußt nicht einmal erkannte Anliegen der Autonomie in seiner unmündigen Zerrform der Psychopathologie dennoch zu vertreten, ja, es so in die Welt hinaus zu schreien. Ein solches Anliegen kann eben nicht anders als dennoch verkündet werden, weil Grundmenschliches sich nie völlig auslöschen läßt.

Diese Sicht bedeutet aber, daß wir bei aller Psychopathologie der Autonomie lernen, Symptome und Minuszeichen auch als Symbole des verpaßten und doch unüberhörbaren Lebensanliegens zu empfangen. Gerade jenes Lautwerden, das aller Psychopathologie als Negation der Norm eigen ist, stiftet das Unüberhörbare. Haben wir es vernommen – nicht nur als Psychotherapeuten, sondern auch als Mitmenschen –, dann haben wir dem Symptom jenen Empfang (Siirala) geschaffen, der es ändern könnte. Wir haben dem Autonomieverlust jene bewußte Dimension des Erlebens zurückgegeben, die wir als tragisches Dasein erkannten. Wir haben unserem leidenden Partner das mitempfindende Spiegelbild geschaffen, in dem er zu sich selber kommen kann. Wir haben für ihn und aus ihm zu hoffen begonnen. »Es ist Mitgefühl und Liebe, die die Wandlung zu einem wahren Selbst möglich machen.« (Gruen)

Durch solche Intentionen situiert sich dieses bedeutsame Buch an einem Knotenpunkt der geistigen Situation des heutigen Menschen und freilich auch der psychotherapeutischen Literatur. Ist es ein Zufall, wenn heute die Frage der Autonomie auf verschiedensten Gebieten – sowohl der politischen Emanzipation wie auch des psychotherapeutischen Strebens – diskutiert wird? Denken wir daran, um nur ein Beispiel zu erwähnen, daß sogar die Hypnose, jene Form einer alten psychiatrischen Therapie, welche allen Autonomiebestrebungen der Person entgegegengesetzt zu sein schien (man drängte dem passiven Patienten Heilsuggestionen auf, um ihn von seinen Symptomen wegzubringen), seit Milton Erikson eine Revolution erfahren hat: Sie wird als eine Situation aufgefaßt, wo neues, autonomes, kreatives Lernen möglich wird. Sogar der Trancezustand ist in dieser Sicht zu dem Ort geworden, wo psychische Potentialitäten und Fähigkeiten entwickelt werden.

Das Buch geht, wie etwa auch die Schriften von Fromm, weit über die Grenze der Psychiatrie hinaus, weil es auch das Menschsein in der heutigen Gesellschaft zum Gegenstand hat und es die Psychopathologie schildert, die sich hinter der »Maske der geistigen Gesundheit« verbirgt. Es denunziert den Verrat am Selbst, an dem einzelne und ganze Gruppen untergehen. »Es ist«, sagt uns der Autor, »unser Schicksal, daß, wenn wir nie die Chance hatten, uns aufzulehnen, wir die Absurdität durchleben müssen, nie ein eigenes Selbst gelebt zu haben.«

Gaetano Benedetti

Einleitung

Diese Arbeit vermittelt dem Leser eine Theorie über Autonomie, in der das Autonom-Sein sich nicht aus *Ideen* über die eigene Bedeutung oder der Notwendigkeit für Unabhängigkeit entwickelt, sondern aus den Möglichkeiten des ungehinderten *Erlebens* der eigenen Wahrnehmungen, Gefühle und Bedürfnisse. Solch eine Erfahrung bestimmt die Einheit oder die Spaltung einer Persönlichkeitsentwicklung.

Die Art der persönlichen Integration – oder ihr eigentlicher Mangel – ist eine Folge der Entwicklungsmöglichkeiten für Autonomie, die in der Lebenssituation enthalten sind. Eine Fehlentwicklung der Autonomie wird dadurch zum Kern des Pathologischen und letzten Endes des Bösen im Menschen.

Das Ringen um Autonomie fördert die Lebendigkeit. In dem Grad, in dem der gesellschaftliche Sozialisierungsprozeß aber Autonomie blockiert, wird dieser Prozeß selbst Erzeuger des Bösen, das er zu verhindern sucht. Wenn die Liebe der Eltern sich so entstellt, daß sie Unterwerfung und Abhängigkeit fordert, um sich bestätigt zu fühlen, dann wird gesellschaftliche Anpassung zu einer Probe der Gehorsamkeitsleistung. Das daraus resultierende Streben bringt den Verlust der wahren Gefühle mit sich. Der Mensch wird zur eigenen Quelle des Bösen. Das Paradoxe unseres Seins jedoch ist, daß das Versagen der Autonomie auch ein Nicht-Versagen darstellen kann. Autonomie kann nämlich in den Untergrund gehen und sich durch Unterwerfung und Unterwürfigkeit, durch das Sich-dem-Willen-eines-anderen-Ausliefern, verstecken. Darin liegt Hoffnung.

Im ersten Kapitel dieses Buches stelle ich den Sachverhalt der Autonomie dar; im zweiten versuche ich zu zeigen, wie unser Hang zur Abstraktion den natürlichen Drang zur Autonomie verschleiert und verkümmert; im dritten ist es mein Ziel auszuführen, wie dies zur Quelle des männlichen Bedürfnisses, die Frau zu unterdrücken, führt, aber auch zu seiner eigenen Entmenschlichung. Das vierte Kapitel handelt davon, wie all dieses wiederum dem Menschen seinen Zugang zur eigenen Vergangenheit reduziert, wodurch er immer mehr der willkürlichen Stimulation ausgeliefert ist – er wird stimulusgebunden und roboterähnlich. Im fünften Kapitel untersuche ich, wie die Vereitelung der Autonomie zur seelischen »Pathologie« führt und gleichzeitig unserer Sicht den Wahnsinn des Machtstrebens verhüllt. Das sechste Kapitel letztlich handelt von der Vorstellung, mit der wir aus Moralität eine Frage der Konzeptionsbegriffe machen, während wir das Böse als direkt aus der menschlichen Natur hervorgehen sehen. Dieser Sachverhalt fördert die Flucht ins Image und in verfälschte Gefühle, führt zum Mangel an einem autonomen Selbst und erzeugt Menschen, die das Leben zerstören.

Dieses Buch ist in der Hoffnung geschrieben, diejenigen, deren Sicht in einer Welt der Konformität und Anpassung immer noch für andere menschliche Welten offen ist, in ihrem Sein zu stärken. Ich möchte damit etwas dazu beitragen, der gefühlsbetonten Welt – im Gegensatz zum Denken und Verstehen, das vom Fühlen abgespalten ist – ihren rechtmäßigen Platz in unserer wissenschaftlichen Welt zurückzugeben.

Ich habe dieses Buch aus meiner 35jährigen Erfahrung mit der Psychotherapie geschrieben. Deswegen möchte ich hier denen meinen Dank ausdrücken, die ein Teil meines Erlebens und Lernens waren und noch immer sind: Meine Patienten und Studenten hier und in den USA; meine Lehrer und Freunde, insbesondere Gustav Bychowski, Thomas N. Jenkins, Theodore C. Schneirla und Henry Miller. Das Unverfälschte und die Lebendigkeit des letzteren waren mir zu meiner menschlichen Reife besonders wichtig, wie auch der Scharfsinn und die Originalität des Denkens von Schneirla. – Von meinen Töchtern Margaret und Constance, mit ihrem kämpferischen und lieben Geist, habe ich viel gelernt. Sie sind mir ein Vorbild für das Ringen um Autonomie.

Meinen besten Dank möchte ich Claus D. Eck, Claudia M. von Monbart und Franz Wurm für ihre sprachliche Bearbeitung meines Textes audrücken. Für die erste Ausgabe hatte ich Hilfe von Ruth von Blarer. Ihre Einfühlungsgabe für mein Anliegen und ihr Gefühl für die Bedürfnisse des Lesers machten die Arbeit mit ihr zu einer anregenden Erfahrung. Ich danke ihr herzlich dafür. Für die sprachliche Durchsicht der dtv-Ausgabe bin ich meiner Lektorin Ulrike Buergel-Goodwin sehr verbunden. Der Text wurde klarer.

Arno Gruen

I
Autonomie und Anpassung: Der grundlegende Widerspruch in der Entstehung des Selbst

Das Problem der Autonomie: die Lernerfahrung der Leere

Die menschliche Entwicklung bietet zwei Möglichkeiten, die der *Liebe* und die der *Macht*. Der Weg der Macht, der den meisten Kulturen zugrunde liegt, führt zu einem Selbst, das die Ideologie des Herrschens widerspiegelt. Es ist ein Selbst, das auf einem Gespaltensein beruht, nämlich jener Abspaltung im Selbst, welche Leiden und Hilflosigkeit als eigentliche Schwäche ablehnt und Macht und Herrschaft als Mittel, Hilflosigkeit zu verneinen, in den Vordergrund stellt. Ein so beschaffenes Selbst ist das Prinzip dessen, was als Erfolg in unserem Leben gilt. Darin liegt auch die Antithese zur Autonomie, der ich mich zuerst zuwenden werde.

Autonomie ist derjenige Zustand der Integration, in dem ein Mensch in voller Übereinstimmung mit seinen eigenen Gefühlen und Bedürfnissen ist. Im allgemeinen verstehen wir unter Autonomie etwas anderes, nämlich etwas, was mit der Behauptung der eigenen Wichtigkeit und Unabhängigkeit zu tun hat. Das gilt insbesondere für ein Selbst, das, bewußt oder unbewußt, der Ideologie des Herrschens entspricht. Deswegen dient das, was wir meistens als autonom beschreiben, einer auf Abstraktionen aufgebauten Idee des Selbst. Trotz der Rebellion, die von einem solchen Selbst ausgehen kann, reflektiert dieses nur die einschränkenden, entstellenden, selbstsüchtigen Kategorien von Eigenschaften, in welche Eltern, Schule und Gesellschaft uns gepreßt haben. Was dann mit Autonomie bezeichnet wird, ist die Freiheit, sich und anderen ständig Beweise der Stärke und Überlegenheit liefern zu müssen. Ob es ein Beweisen für oder gegen die bestehenden Normen ist, macht keinen Unterschied. Das Wichtige ist das ständige Beweisen-Müssen; es ist ein kriegerischer Zustand, weit entfernt von der Fähigkeit, das Leben zu bejahen. Demgegenüber ist es der Zugang zum Lebensbejahenden, zu den Gefühlen der Freude, des Leids, des Schmerzes, kurz des Lebendigseins, aus dem die Autonomie, die ich meine, sich entwickelt.

Unsere Kulturgeschichte ist über weite Strecken hin eine Geschichte des Vermeidens, des Verneinens, der Unterdrückung des Zugangs zu diesen Gefühlen und den daraus erwachsenden Bedürfnissen. Die Unterdrückung der Frau kann als ein paralleler Ausdruck dieses Vorgangs in unserer Geschichte angesehen werden: Der Zugang der Frauen zu Leid und Schmerz und das daraus entstehende Engagement zur echten Lebendigkeit ist es, das in ihnen und gleichgesinnten Männern bekämpft werden muß. Was daraus entstanden ist, ist ein noch immer weiter fortschreitender Prozeß, durch den die Männer, weit mehr als die unterdrückten Frauen, in ihrer Menschlichkeit geschädigt werden.

Autonomie beinhaltet die Fähigkeit, ein Selbst zu haben, das auf dem Zugang zu eigenen Gefühlen und Bedürfnissen gründet. Da bei einer Fehlentwicklung der Autonomie Gefühle und Bedürfnisse Ausdruck der Ideologie des Herrschens und nicht einer inneren Integration sein können, müssen wir erkennen, daß die Bedürfnisse und Gefühle selbst nicht mit Autonomie gleichzusetzen sind. Es ist wichtig, sie im Rahmen ihrer Entwicklung zu differenzieren.

Man kann sagen, daß wir uns im Spiegel der Augen unserer Mutter erkennen lernen. Friedrich Hebbel prägte es poetisch:

So dir im Auge wundersam
Sah ich mich selbst entstehen.

Das bedeutet, daß das Bewußtsein der Mutter und ihre Selbstachtung zum bestimmenden Anteil der Entwicklung unseres eigenen Selbst werden.

Insofern ihre eigene Entwicklung eine Fehlentwicklung der Autonomie darstellt, muß die Selbstachtung der Mutter auf Gefühlen und Bedürfnissen basieren, die weit entfernt sind von einer wirklich autonomen Position. Dadurch muß die Anerkennung des eigenen Kindes – also wie das Kind sich später in ihrem Auge sieht – jene Beschränkungen widerspiegeln. In diesem Vorgang finden wir auch die Quellen jener Formen des Hasses und der Wut, die in unserer Welt oft als Liebe oder Selbstaufopferung ausgegeben werden.

Ein Beispiel dafür aus Jean Liedloffs ›Auf der Suche nach dem verlorenen Glück‹ (1980):[1] Die Autorin beschreibt die Situation eines Säuglings, der vor kurzem von der Entbindungsstation nach Hause kam. Seine Mutter »liebt ihn mit einer bis dahin nicht gekannten Zärtlichkeit. Anfangs fällt es ihr schwer, ihn nach dem Füttern wieder hinzulegen, besonders weil er so verzweifelt dabei schreit. Aber sie ist überzeugt davon, daß sie es tun muß, denn ihre Mutter hat ihr gesagt (und *sie* muß es ja wissen), daß er später einmal verzogen sein und Schwierigkeiten machen wird, wenn sie ihm jetzt nachgibt... Sie zögert. Ihr Herz wird zu ihm hingezogen, doch sie widersteht und geht weiter. Er ist soeben frisch gewickelt und gefüttert worden. Deshalb ist sie sicher, daß ihm in *Wirklichkeit* nichts fehlt; und sie läßt ihn weinen, bis er erschöpft ist.«

Wir sehen hier eine Mutter, die das Verlangen ihres Kindes nach Kontakt und Berührung nicht richtig erkennt und deshalb nicht angemessen darauf reagieren kann. Das kann nur passieren, weil in ihrer Entwicklung ihr eigenes Verlangen abgewürgt wurde. Solch ein Ablauf der Entwicklung führt dazu, daß eine Mutter keinen Zugang zur eigenen Autonomie hat und deswegen auch nicht zu der ihres Kindes. In dieser Begebenheit geschieht etwas Unausgesprochenes: Die Mutter läßt den Säugling leiden, ohne daß sie sich dessen bewußt werden müßte oder sich gar eine Absicht dahinter eingestehen müßte. Das Ungeheure, auf das Liedloff uns hinweist, ist die Art und Weise, wie unser Verhältnis zur *Realität* als Waffe gebraucht wird, um das Kind zu peinigen. Wir haben es hier mit einer verleugneten Feindseligkeit zu tun, die uns von Geburt an umgibt und deswegen weder vom Opfer noch von dem, der Unterwerfung fordert, anerkannt wird. In *Wirklichkeit* fehlt dem Kind ja nichts!

Auf diese Weise brauchen wir uns nicht damit auseinanderzusetzen, daß wir nicht nur daran sind, unsere eigene Lebensgeschichte, unsere eigenen Erfahrungen von Unterdrückung und Vergewaltigung zu wiederholen, sondern daß wir in einer solchen Vorgehensweise auch unsere eigenen Bedürfnisse abtöten. Das Schreien eines Kindes weckt in uns unsere eigene Verzweiflung von damals und damit quälende Gefühle der Wut und der Ohnmacht. Diese können wir aber nicht zulassen, denn sie widersprechen unserer erlernten »Wirklichkeit« und der ganzen Struktur unseres Selbst, die auf ihr basiert. Das Schreien eines Kindes als Verzweiflung wahrzunehmen, würde uns mit der Auflösung unseres psychischen Gefüges bedrohen.

Deswegen bestehen wir auf der Perspektive unserer Eltern. Sie beruhigen und besänftigen uns gerade da, wo wir unser Selbst verraten. Und so foltern wir das Kind, das unsere eigenen Entbehrungen wiedererweckt; bringen es auf die vielfältigste Art zum Schweigen. Wir sind ja in der »Realität« fest verankert und vertreten die »Wirklichkeit«. Außerdem trägt die Unterwerfung des hilflosen Kindes dazu bei, unser Selbstgefühl, unsere Selbstachtung aufzublasen. Macht, Herrschaft und Kontrolle über den anderen, auch über unser Kind, sind der Sinn unseres Selbst.[2]

Wenn wir die Situation des Säuglings auf diese Weise betrachten und uns fragen, worin seine erste Lernerfahrung besteht, so kommen wir zu einer unausweichlichen Folgerung: Er lernt, daß *nichts* zu lernen ist. Das Kind lernt, seine eigenen Reaktionen *nicht* zum Ausgangspunkt der Entwicklung seines eigenen Wesens zu machen. Diese Erfahrung des Lernens, *daß nichts zu lernen ist,* wird zum entscheidenden Punkt der Fehlentwicklung der Autonomie. Es ist der Anfang des Abbruchs der Autonomie, der Anfang einer Fehlentwicklung, in der wir nur noch lernen, die eigenen Bedürfnisse eher als etwas Gefährliches, ja Feindliches zu erleben. Autonomie und all das, was zu ihr führen könnte, erweckt dann bald einmal Angst.

Dieses Phänomen der Lernerfahrung der Leere ist für uns verdeckt, da die herrschenden Denkweisen (und auch Lerntheorien) das Lernen als einen im wesentlichen von außen her bestimmten Prozeß darstellen. Lernen – so das allgemeine Denken – geschieht, weil wir dieses oder jenes, nämlich Stimuli von außen, unter solchen oder anderen Bedingungen dem Organismus antun. Daß der Anlaß des Lernens auch ein anderer sein könnte, einer, der aus inneren Vorgängen hervorgeht, die ihren Sinn durch ein vom Organismus her gesehenes positives Entgegenkommen der Umwelt entwickeln, steht der gängigen Denkorientierung fern. Wenn aber unsere Sicht des Lernens das Verhältnis eines Lebewesens zu seiner Umwelt als ein *meshing* (eine Vernetzung, ein Ineinandergreifen, ein Miteinanderverbinden von zueinander passenden Teilen) sieht, und nicht als einen mechanischen Prozeß, der ihm aufgezwungen ist, dann wird Lernen nicht lediglich Reaktion auf einen Stimulus, sondern ein Suchen seitens der Reaktion (und der ihr zugrunde liegenden Bedürfnisse) nach geeigneten Stimuli, die die Reaktion auslösen. Lernen ist dann nicht nur ein von außen aufgesetzter Vorgang, sondern ein Netz ineinander verflochtener Verbindungen.

Der Gegensatz zu diesem Verständnis des Lernvorgangs basiert auf einer kybernetisch inspirierten Vereinfachung des Menschen in einen mechanischen *Input*- und *Output*-Vorgang, wie er zum Beispiel von B. F. Skinner und seiner Schule gefördert wird (1973). Leider ist das die Art des Denkens, der wir in weiten Teilen der Sozialwissenschaften ausgesetzt sind.[3] Deswegen wird das Lernen, daß es *nichts zu lernen* gibt, erst sichtbar, wenn man bereit ist, Autonomie als grundsätzliche Möglichkeit zu erkennen.

Der eigentliche Weg der Autonomie

In einer Forschungsarbeit zeigen A. J. DeCasper und W. P. Fifer (1980), daß Säuglinge schon in den ersten drei Tagen ihres Lebens die Fähigkeit haben, nicht nur die Stimme der eigenen Mutter von anderen Stimmen zu unterscheiden, sondern auch versuchen, durch den Druck ihrer Mundbewegung während des Saugens die Mutter wieder zurückzuholen. Dies zeigt, daß der Möglichkeit, etwas aus dem eigenen Sein zu erzeugen, schon von Beginn des Lebens an, eine integrierende Rolle zukommt. Was passiert aber, wenn die Mutter nicht adäquat reagiert? Wenn sie nicht antwortet, nicht liebkosend auf die Herausforderung des Kindes eingeht? Das kann nur bedeuten, daß die Möglichkeiten eines Ansatzes zum eigenen unteilbaren Sein wegfallen. Das Kind hat überhaupt keine Möglichkeit mehr, über sein eigenes Sein etwas zu lernen.

Das Ausbleiben einer adäquaten Reaktion der Mutter braucht nicht ein bewußter Vorgang zu sein. V. Vuorenkoski und Mitarbeiter (1969) beobachteten die Folgen des Schreiens der Säuglinge auf den Milchzufluß in der Brust erstgebärender Mütter. Das Schreien dauerte sieben Minuten. Von vierzig Müttern reagierten sechzehn innerhalb von vier Minuten nach Beginn des Schreiens; sechzehn innerhalb von sieben Minuten; vier erst eine Minute nach Beendigung des Schreiens; und vier Mütter überhaupt nicht. Wenn eine Mutter von ihren ursprünglichen Gefühlen faktisch abgeschnitten ist, wird sie nicht auf ihr Kind eingehen können. Es wird ihr nicht möglich sein, seine Bedürfnisse und seine Suche nach Kommunikation mit ihr adäquat wahrzunehmen. Wenn dieser Vorgang schon dem Ernähren des Kindes Schwierigkeiten in den Weg stellt, dann können wir uns vorstellen, daß das vermehrt der Fall sein wird, wenn die Mutter durch die Bedürfnisse des Kindes – gesteuert durch seine Autonomie-Prozesse – herausgefordert wird, ihre und seine Autonomie zu unterdrücken.

Erst wenn wir uns vorstellen können, daß solche Vorgänge in vielfältigsten Variationen schon in den ersten Wochen des Lebens das eigene Sein eines Menschen entfalten oder verhindern können, werden wir auch erkennen, daß die Entstehung des Selbst auf der Basis eigener Reaktionen schon sehr früh entschieden wird. Wenn solch ein Selbst nicht durch sich selbst zustande kommt, wird es statt dessen durch den Willen der mütterlichen Person geprägt. Eltern, die nicht auf die Bedürfnisse eingehen können, die ein Kind von sich aus entwickelt, bewirken, daß das Kind für seine angehende Integration von der Außenwelt abhängig sein wird. Die Entscheidung, ob die Entwicklung des Selbst – die Organisation seiner Persönlichkeit – durch inneren oder durch äußeren Anlaß geprägt sein wird, mit anderen Worten, ob es in Autonomie oder in Abhängigkeit von der Umwelt-Stimulation lebt, wird früh erzwungen.

Auf diese Weise kann Autonomie zerstört werden. Aber es geschieht im Grunde noch mehr. Das Lernen, daß nichts aus Eigenem kommt, wird zum positiven Verstärker (reinforcement) einer negativen Situation. Man lernt, seine eigenen Bedürfnisse und Beweggründe nicht zu erkennen. Der Mensch kann sein Eigenstes nicht erkennen, weil er sich seines eigenen Zentrums, seines Mittelpunktes, nicht bewußt ist. Und dazu kommt die Angst vor der Lebendigkeit der eigenen Bedürfnisse, die als bedrohliche Feinde erlebt werden.

Dies letztere geschieht, weil die Leere ein psychologischer Abgrund ist. Die damit verbundene Hilflosigkeit sowie daraus entstehender Schrecken und Wut werden von der Umwelt vehement abgelehnt. Die Wut, die ja ein direkter Ausdruck der Lebendigkeit selbst ist, wandelt sich in Apathie und Depression um. Weil ihr der direkte Ausdruck verwehrt ist, wird ein Kind seinen Drang nach Leben aufgeben und innerlich absterben. Öfters jedoch lernt das Kind, seine Wut gegen den Drang zur eigenen Autonomie zu richten. Durch diese Verkehrung schafft es die Voraussetzungen, um von der Umwelt belohnt zu werden. Wenn es sich auf diese Weise dem Willen der anderen, zum Beispiel der Eltern, fügt, verbleibt ihm nur noch die Möglichkeit, seine Wut gegen alles zu richten, was den Drang zur eigenen Autonomie auch nur wecken könnte.

Je stärker solch ein Vorgang einer Entwicklungssituation entspricht, desto stärker wird ein Kind gegen alles in sich selbst und außerhalb seines Selbst schlagen, was Lebendigkeit wecken könnte. Das heißt, das Kind wendet sich zunächst gegen andere Kinder und später, wenn es selbst erwachsen ist, gegen die Jugend im allgemeinen. Durch solch einen Vorgang wird die eigene Perzeption, die eigene Wirklichkeit in den Untergrund gedrängt, und die Grenzen des eigenen Selbst werden aufgegeben. Paradoxerweise sind es dann gerade die Ansätze zu den eigenen Gefühlen und Bedürfnissen – also das zutiefst Eigene eines Menschen –, die sein Leben scheinbar unmöglich machen. Die eigene Menschlichkeit, die Fähigkeit, eigenes und fremdes Leid zu erspüren, wird unter solchen Voraussetzungen bedrohlich. Menschen, die auf diese Weise aufgewachsen sind, können weder erkennen noch würdigen, was E. Erikson (1964) einmal als die Eigenschaft beschrieben hat, Schmerz auszuhalten, Leiden zu verstehen und zu mildern und als einen grundsätzlichen Aspekt allgemeiner menschlicher Erfahrung zu erkennen.

Wie kommt diese menschliche Fähigkeit, *Empathie*, zustande? Die tiefste und ursprünglichste Art, in der wir kommunizieren, ist eine empathische. Die Verbindung des Säuglings mit seiner Umwelt ist durch das Gehalten-, Getragen- und Berührtwerden gekennzeichnet. Die kinästhetischen Nervenbahnen sind die Tragfläche unserer unmittelbaren Perzeptionen des anderen; wechselseitig moduliert durch visuelle, akustische, taktile und Geruchs-Sinne.[4] Erikson spricht in seinem Buch ›Der junge Luther‹ (1958) poetisch davon, wie »eine Mutter« ihrem Kinde an der Brust »beibrachte, mit seinem forschenden Munde und prüfenden Sinnen, seine Welt zu ertasten«. Dadurch, daß das Kind die Zuwendung seiner Mutter empathisch erfühlen kann, wird es ihm möglich, seine eigenen Gefühle im Spiegelbild der Mutter zu erspüren und somit zu gestalten. Die komplementäre Kleinkind-Mutter-Beziehung wird ständig modifiziert durch den wechselnden Zustand des gegenseitigen Erkennens zwischen Mutter und Kind.

So beobachteten zum Beispiel W. S. Condon und L. W. Sander (1974), daß Säuglinge nicht nur Stimmen folgen, sondern sich auch im Rhythmus dazu bewegen. Dies geschieht innerhalb der ersten sechzehn Stunden ihres Lebens. Dieser Tanz des Kindes ist für die Mutter – wenn sie darauf reagiert – ein sie belebender Moment. Für solch eine Mutter bedeutet dies, daß das Kind reagiert, sich seinerseits ihr zuwendet! Und so verändern und *anerkennen* sich beide, um sich miteinander gegenseitig weiterzuentwickeln. (Eine brillante Analyse solcher Synchronisation bei subprimaten Säugetieren legte J. S. Rosenblatt, 1978, vor. Der Akzent in dieser theoretischen und experimentellen Studie liegt auf der wechselnden Bedürfnissituation des Kindes und seiner Mutter und wird ontogenetisch gedeutet.)

Die Lernerfahrungen, die hier gemacht werden, sind eng verbunden mit der Qualität der Stimuluswerte, die in dem Beziehungsgefüge zwischen Mutter und Säugling vorherrschen. Um die Welt empathisch zu erproben, muß es dem Säugling zunächst ermöglicht werden, sich der Umwelt nachhaltig zuzuwenden. Dies kann nur dann geschehen, wenn seine Beziehung zur stimulierenden Umwelt durch niedrige Intensitätswerte gekennzeichnet ist. T. C. Schneirla betont in einer langen Folge von Arbeiten, die in der zusammenfassenden Schrift ›Eine evolutionäre und entwicklungsorientierte Theorie der biphasischen Prozesse, die dem Zuwendungs- und Vermeidungsverhalten zugrunde liegen‹ (1959), daß schon bei der Geburt eine primitive, zweigabelige organische Basis für spätere emotionelle Sinnesstimulation existiert. Niedrige (im relativen Sinn) Stimulusintensitäten lösen Reaktionen der Annäherung aus; hohe Stimulusintensitäten bewirken dagegen das Zurückziehen. Das Differential (Unterschied) im Schwellenreiz für die Muskeln, die diese Bewegungen steuern, wird damit zur Grundlage dieser Verhaltensmuster.

Was dadurch entsteht, ist eine Förderung der empathischen Vorgänge, vorausgesetzt, daß zwischen Säugling und Mutter Zuwendung existiert. Nur dadurch, daß die Mutter dem Kind entgegenkommt, ist die Zufuhr der niedrigen Stimulusintensitäten gesichert. Das ist es, was dem Kind nicht nur sein Leben erhält,[5] sondern ihm auch die Basis für seine empathische Sinnesentwicklung gibt.

Dieses Entgegenkommen sichert dem Kind, daß es nicht von einem Übermaß an Stimulation überwältigt wird. J. L. Fuller (1967) zeigt zum Beispiel in seiner Arbeit über Reizverminderung, daß ein Lebewesen nichts lernen kann, wenn es ihm unmöglich wird, sich in einer Stimulussituation auf wichtige Bestandteile dieser Situation zu konzentrieren, *indem* es andere Elemente ignoriert.[6] Hier haben wir die wesentliche Substanz des Lernens des Eigenen. Damit es geschehen kann, ist eine Unterscheidung notwendig. Diese kann nicht zustandekommen, wenn die innere Reaktionsbereitschaft ihren entsprechenden auslösenden Stimulus nicht finden kann.[7]

Eine Mutter, die ihr Kind intuitiv vor Reizüberflutung beschützt, legt in ihm den Grundstock, aus dem eigenen Selbst heraus lernen zu können. Wenn die Mutter dazu nicht in der Lage ist, wird sein Bewußtsein entweder von der Erfahrung der Hilflosigkeit beherrscht, die es zu einem Versager macht, oder das Gefühl des Ausgeliefertseins wird verdrängt und vom sich bildenden Selbst gespalten. Mit solch einer Lösung muß alles, was an die Situation erinnert, in der die Erfahrung der Hilflosigkeit gemacht wurde (wie zum Beispiel die empathische Erfahrung des Kindes und damit sein Menschlichsein), ausgeschaltet werden. Auf diese Weise werden ganze Teile seines angehenden Seins vom Bewußtsein abgespalten. Um diese Spaltung dann aufrechtzuerhalten, muß Hilflosigkeit zum Objekt der Ablehnung und des Hasses werden. Sie ist es, die einen bedroht, und *nicht* die Situation, die sie verursacht hat. So rächt man sich dauernd an allem, was die eigene Hilflosigkeit hervorrufen könnte. Deswegen verachtet man Hilflosigkeit bei anderen. Dieses Verachten verbirgt die dahinter stehende eigene Angst und fördert zugleich die Haltung des Verachtens und die Notwendigkeit einer kompensierenden Ideologie der Macht und des Herrschens. Auf diese Weise treten die Opfer auf die Seite ihrer Unterdrücker, um neue Opfer zu finden: ein endloser Prozeß, durch den der Mensch verunmenschlicht wird.

Und so wird alles, was zu einem eigenen Ansatz zur Autonomie führen könnte, gehaßt. Der unablässige Drang nach Erfolg und Leistung tritt an die Stelle der Autonomie. Aber Autonomiebestrebungen werden nicht nur abgelehnt, weil sie solche Menschen an ihre eigene Unterwerfung erinnern könnten. Vielmehr ist es so, daß wirkliche Autonomie die Machtspiele entlarvt, an die man sich, um der Hilflosigkeit zu entkommen, angepaßt hat. Da wir alle bis zu einem gewissen Grad solchen Vorgängen unterworfen sind, ist das Resultat eine allgemeine Tendenz zur Verunmenschlichung, auch wenn wir sie als solche gar nicht wollen. Unsere eigene Empathie wird täglich überrumpelt, und zwar – wie in Liedloffs Beispiel – unter dem Deckmantel der Fürsorge. Wir merken dann nicht, daß wir selbst dabei sind, unsere eigenen empathischen Wahrnehmungen der wirklichen Vorgänge im anderen zu verzerren und zu verfälschen.

Ein dafür typisches Beispiel aus dem Leben des Gründers der Psychoanalyse: Es ist bekannt, daß Freud zornig und empört reagierte, als er erfuhr, daß seine Umgebung zögerte, ihm die Wahrheit über seine Krebserkrankung zu sagen. Immer wieder findet man deswegen in der Literatur Anspielungen auf Schwächen in Freuds Charakter. So meint zum Beispiel H. Kohut in seinem Buch ›Die Heilung des Selbst‹ (1977), daß es Freud nicht möglich war zu erkennen, daß hinter dem Zögern, ihm die volle Wahrheit zu sagen, Güte und Besorgnis gewesen sein könnten. Kohut kommt zu dem Schluß, daß Freud in seinem »nuklearen ... Selbst ... bedroht war«. Gestörter Narzißmus!

Es ist bemerkenswert, wie in dieser Interpretation die Anwendung der Psychoanalyse in den Händen vieler ihrer Praktiker die Ideologie des Herrschens widerspiegelt. »Natürlich« besteht kein Recht zur Empörung, wenn die Fürsorge selbst zum Machtmittel wird. *Wenn man sich dagegen auflehnt, erschüttert man das Gebäude, in dem Güte und Anteilnahme die Mittel sind, andere in Abhängigkeit zu halten.* Indem man für Sorge und Anteilnahme noch bestätigt wird, wird der wahre Sachverhalt verdeckt. Freuds Recht auf Selbstachtung und Autonomie muß relativiert werden, denn es legt jenes Rollenspiel bloß, das so häufig für Therapie und Menschlichkeit gehalten wird. Der Patient soll sich dankbar und abhängig verhalten. Damit erkauft er die wohlwollende Gesinnung des Therapeuten; und die Abhängigkeit des Patienten – sogar wenn sie sich aggressiv und widerborstig äußert – bestätigt die Überlegenheit dessen, der die Quelle der »Güte« ist.

Freuds Empörung wird mißbilligt, stellt sie doch eine Haltung in Frage, die innerhalb der therapeutischen und der allgemein menschlichen Beziehungen geradezu gezüchtet wird. Das Bewußtsein, das die Mutter in Liedloffs Beispiel und die Interpretation Kohuts erzeugt, ist das institutionalisierte Verhaltensmuster des Herrschens und des Beherrschtwerdens. Der Haß, der dadurch entsteht, zerstört die Autonomie des Menschen.

Wir alle sind bis zu einem gewissen Grad in diesen Vorgängen gefangen. Wir alle haben Hilflosigkeit erfahren, und je mehr sie zum Störfaktor unserer Welt wurde, da eine neue, der Welt *entgegenkommende* Integration nicht stattfinden konnte, desto mehr haben wir sie gefürchtet, weil sie auch uns zur Unterwerfung trieb. Aber nicht alle Menschen geben ihre Möglichkeiten zur Autonomie auf. Dem Wandel dieses Vorgangs werde ich mich jetzt zuwenden.

Es ist ein Paradox, daß der innere Kampf zur Erhaltung der eigenen Autonomie sich durch verzweifelte Anpassung, Unterwerfung und selbstzerstörerisches Verhalten ausdrücken kann. Deswegen kann die Form, durch welche sich Autonomie ausdrückt, ihre Existenz und ihr Wesen als grundsätzliche Lebenskraft vor dem Beobachter verbergen. Das ist überall dort der Fall, wo man sich der Existenz der Autonomie nicht bewußt ist, wo ihr gegenüber Gleichgültigkeit herrscht und wo sie explizit abgelehnt wird. In Gesellschaften, in denen als Preis für die Liebe Gehorsam, Konformität und Abhängigkeit gefordert werden, darf es nicht erstaunen, daß Autonomie als wesentlichster Integrationsfaktor der Entwicklung verneint oder zumindest verschleiert wird.

Ein Patient sagte mir einmal: »Sie können nicht an mich herankommen, wenn ich so bin, wie Sie es wünschen.« (A. Gruen, 1974, 1976) Mit ungewöhnlicher Wahrnehmungsfähigkeit konnte er das Denken und die Wünsche anderer erahnen. Und indem er fremden Wünschen entgegenkam, schützte er sich davor, sich selbst zu öffnen oder festzulegen. Er führte ja nur aus, was andere von ihm erwarteten, er selbst war an seinen Handlungen nicht beteiligt! Weil er nie seinen eigenen Willen offenbarte, hielt er sich für unverletzlich und fühlte sich »frei«. Aber er war natürlich nur in einem potentiellen Sinne frei, da er seine eigenen Vorstellungen niemals in Taten umsetzte. Auf diese Weise existierte seine Autonomie nur in seiner Phantasie.

Hier haben wir den Fall, wo die Autonomie sozusagen in den Untergrund gegangen ist, um unverwundbar zu bleiben, und zwar durch eine allumfassende Bereitschaft zur Unterwerfung. In ähnlicher Weise drückte ein anderer Patient durch eine spezifische Entwicklung seines Schuldbewußtseins seinen Kampf gegen Manipulation aus. Er wurde dadurch genau zu dem, was von ihm erwartet wurde. Er sagte mir eines Tages: »Wenn ich mich schuldbewußt fühle, bin ich beruhigt. Man fühlt sich dann sicher, denn man ist nicht frei, man selbst zu sein. Dein Verhalten wird dir vorgeschrieben, jemand anders sagt dir, wie du dich zu verhalten hast. Dadurch versteckt man sich und bleibt in Sicherheit. Du kannst deine Überlegenheit und Verachtung für dich selbst behalten.«

Sein Schuldbewußtsein, das selber zur letzten möglichen Verbindung zu einer sonst unfaßbaren Mutter wurde, diente aber auch dazu, sein potentielles Selbst aus ihrer Reichweite zu halten. Indem er durch sein Schuldbewußtsein zum Objekt ihres Willens wurde, konnte er seinen eigenen Willen ihrer Manipulation entziehen. Es war ein ohnmächtiger Versuch – und schrecklich für die Entwicklung seines Lebens –, seine autonome Stellung durch eine phantasierte Unverwundbarkeit zu erhalten. Wenn wir darin aber die verdeckte Natur dieses Strebens nach Autonomie übersehen, indem wir sie lediglich als Ausdruck primärer Abhängigkeit deuten, werden wir weder den Kampf eines solchen Menschen um Autonomie verstehen noch die Validität der Autonomie-Triebe anerkennen können, die, selbst wenn sie unterdrückt werden, noch wirksam sind.

Auch in der Tierforschung hat das Verneinen dieser Autonomietriebe zu verzerrten und falschen Ergebnissen geführt. 1967 zeigte der amerikanische Zoologe J. L. Kavanau in einer methodenkritischen Studie, daß experimentelle Situationen oft eher arrangiert werden, um vorgefaßte Ideen der Forscher zu bestätigen, als daß sie über die tatsächlichen Reaktionen der Versuchstiere (und ihren bedeutungsmäßigen Hintergrund) Aufschluß geben. Tiere zum Beispiel, die (aus Gründen der Anordnung) zum Zweck des Experimentierens in eine ihre Lebensbedingungen einschränkende Situation gezwungen werden, zeigen Reaktionen, die vom Beobachter als fehlerhaft eingestuft werden. Aus der Perspektive des Verhaltens der entsprechenden Tiere jedoch stellen diese »fehlerhaften« Verhaltensweisen bereichernde Variationen innerhalb ihrer für das Experiment einförmig gehaltenen Umgebung dar. Was für das Tier eine adaptive Reaktion gegenüber einschränkenden Lebensbedingungen ist, die zum Beispiel im Labyrinthlernen seinen Lebensbereich durch Abweichung und Änderung erweitern, ist für den Beobachter »fehlerhaftes« Verhalten, das über Lernprozesse oder biologische Bedürfnisse des Tieres Auskunft geben soll. Der Forscher muß ja das Verhalten des Tieres vom Standpunkt seines theoretischen Bezugsrahmens aus sehen –

das Leben und die Lebendigkeit des Tieres als solche interessieren ihn nicht. Die »Fehler« des Tieres sind hier Artefakte einer mehr forscherspezifischen als tierspezifischen Versuchsanordnung. Was Kavanau illustriert und was die meisten Tierforscher ihrer eigenen Vorurteile wegen verneinen müssen, ist der unabweisbare Sachverhalt, daß im Leben Kräfte auftreten, die sich dem Auferlegen zwangsmäßiger Bedingungen entgegenstellen.

Viele Facetten unserer menschlichen Entwicklung, die Ausdruck des Autonomiestrebens sind, bleiben uns verborgen, weil sich noch in der Konformität die Autonomie verschieden verbirgt. Unsere vor allem Anpassungsleistungen züchtende Kultur schafft ihrerseits verhüllte Motivationen der Autonomie. Das wiederum verbirgt den Vorgang der menschlichen Entwicklung als den eigentlichen Ausdruck der Autonomie.

Freud, dessen revolutionärer und kühner Geist unsere Lebensanschauung erweiterte und ihr eine neue Richtung gab, blieb selbst in diesem Zustand einer zwiespältigen Auffassung befangen. Für ihn war die menschliche Entwicklung ein Vorgang, der die Triebe durch Repression, Beherrschung oder Sublimierung bindet. Fehlentwicklungen wurden deswegen als Versagen im Anpassungsvermögen erkannt. Triebe wurden als unveränderliche und im Grunde bösartige Instinkte angesehen, die nur durch den Sozialisierungsprozeß zurückgehalten werden können (A. Gruen und M. Hertzman, 1972). Nicht nur wurde die Anpassung an die gegebene Realität zum Ziel der Entwicklung, sondern das Pathologische wurde als ein Versagen verstanden, sich der *Realität* anzupassen. Die Validität dieser Realität wurde nicht in Frage gestellt. Die Schuld am Kranksein trug der Kranke selbst. Daß das *Pathologische* angesichts pseudo-sozialer Realitäten manchmal die einzige Art sein könnte, Autonomie überhaupt aufrechtzuerhalten, lag völlig außerhalb des Rahmens solch einer Denkweise.

Einer anderen Sicht der Dinge begegnen wir, wenn wir uns Erfahrungen von Künstlern wie zum Beispiel Anton Tschechow zuwenden, die ihre eigene Entwicklung als inneren Kampf um Authentizität ansahen. Tschechow schrieb einem jungen Schriftsteller:

»Schreibe eine Geschichte über einen jungen Mann, den Sohn eines Leibeigenen, einen ehemaligen Gehilfen in einem Lebensmittelladen, einen Chorknaben, einen Gymnasiasten und Universitätsstudenten, erzogen, Klassenunterschiede zu respektieren, die Hände der Priester zu küssen, sich den Ideen anderer zu unterwerfen – einen jungen Mann, der sich für jedes Stückchen Brot bedankte, der oft gepeitscht worden ist, der ohne Galoschen herumlief, um Privatstunden zu geben, der seine Fäuste gebrauchte, Tiere quälte, der gerne zum Abendessen reicher Verwandter kam, der ein Heuchler gegen Gott und Menschen war, unnötigerweise, und nur aus der Erkenntnis seiner Bedeutungslosigkeit – schreibe, wie dieser junge Mann den Sklaven aus sich herausdrückt, Tropfen um Tropfen, und wie er, eines schönen Morgens erwachend, merkt, daß das Blut, das in seinen Adern fließt, nicht mehr das eines Sklaven, sondern das eines echten Menschen ist.« (A. Yarmolinsky, 1973; übersetzt von A. Gruen)

Tschechow verstand, daß Feindseligkeit, Bösartigkeit und Sadismus das Ergebnis von Hilflosigkeit und Selbstverachtung sind; daß sie alle durch Anpassung an eine hyperkritische soziale Realität erzeugt werden und nicht einer angeborenen Aggression zuzuschreiben sind.

Eine schizoide Patientin erklärte mir nach einiger Zeit der Therapie (A. Gruen, 1968), daß sie erst jetzt sehe, wie sie ihr ganzes Leben lang versucht habe, ein Nichts zu sein, innerlich leer, lediglich Erdnußschalen in ihrer Tasche. Das bedeutete, sollte jemand etwas von ihr verlangen, so würde sie ihre Taschen ausleeren und sagen: »Seht doch, ich habe nichts.« Hier haben wir den Ausdruck einer äußersten Abwehr gegen Manipulation, wenn auch in einer höchst verzweifelten und selbstlähmenden Form. Die Patientin weigerte sich, ein konventionelles Verhalten an den Tag zu legen, aus dem man hätte schließen können, daß sie eine ungestörte Erziehung genossen hätte und daß ihre Mutter liebevoll mit ihr umgegangen wäre. Sie wehrte sich dagegen, durch ihr Benehmen das Image ihrer Mutter als einer »liebenden und guten Mutter« zu bestätigen. Indem sie sich so verhielt, als ob alle ihre Entscheidungen sich nur um die Wünsche der anderen drehten, die sie dann aber dauernd negierte, blieb sie leider ihr Leben lang tatsächlich leer. Die Folge dieser Haltung war eine umfassende psychische Kraftlosigkeit und Pseudodebilität.

Solange wir das Ausmaß, in dem Konventionen akzeptiert werden, zum Maßstab seelischer Gesundheit machen, übersehen wir, daß Konventionen unter Umständen Forderungen dienen, sich Irrtümern und Lügen zu unterwerfen. Der Sinn des anscheinend nicht nachfühlbaren Erlebens von Schizophrenen kann sich uns nur dann erschließen, wenn wir seine schmerzhafte Sensitivität als Wegweiser für die Entdeckung nehmen, daß sich unter Konventionen die Forderung verstekken könnte, Formen der Gewalttätigkeit als Wohlwollen, Fürsorge oder gar Liebe anzuerkennen – zum Beispiel das Bestreben, uns in unseren Wesensäußerungen einzuschränken.

Leslie Farber, ein amerikanischer Psychoanalytiker, Mitarbeiter von Frieda Fromm-Reichman, beschreibt in seinem Buch ›Die Wege des Willens‹ (1966) eine Begegnung zwischen einem hospitalisierten schizophrenen Patienten und seinem Therapeuten, die abgelenkte Autonomiebestrebungen widerspiegelt. Sie zeigt auch, wie solche Patienten uns immer wieder über die Verzerrungen der sozialen Realität zu informieren versuchen.

Der erwähnte Therapeut besaß einen Füllfederhalter, den er von seinem Vater bekommen hatte und an dem er sehr hing. Im Verlauf einer therapeutischen Sitzung weckte diese Feder das Interesse seines sonst nicht sehr mitteilsamen Patienten. Als der Therapeut das bemerkte, legte er die Feder in die Hand des Patienten und schlug ihm vor, sie auszuprobieren. Ermutigt durch die Reaktion des Patienten sagte er ihm, er möge den Füllfederhalter bis zum nächsten Tag behalten. In den folgenden Sitzungen wurde die Feder nicht erwähnt. Nach einigen Wochen fragte der Therapeut danach und sagte, er hätte die Feder gerne wieder. Der Patient antwortete nicht. Nach etwa sechs Wochen erklärte der Therapeut, daß dieser Füllfederhalter ihm viel bedeute, ein Geschenk seines Vaters sei und daß er ihn zurückhaben wolle. Er forderte den Patienten auf, mit ihm über diese Angelegenheit zu diskutieren. Dieser murmelte, die Feder sei verlorengegangen, und verhielt sich dann für den Rest der Stunde absolut schweigend, während der Therapeut zunehmend die Haltung verlor und den Patienten schließlich anschrie. Die Sitzung endete in diesem unfreundlichen Ton, und der Patient kehrte auf sein Zimmer zurück. Kurz darauf stürmten der Therapeut und zwei Pfleger in das Zimmer des Patienten: Während die Pfleger den Patienten am Boden festhielten, suchte der Therapeut nach seinem Füllfederhalter. Natürlich wurde er gefunden, und als der Therapeut das Zimmer verließ, schrie ihm der Patient vom Fußboden her nach: »Mein Gott, was für ein Irrenhaus! Dieses ganze Getue wegen eines kleinen Füllfederhalters!«

Farber will uns durch seinen Bericht klarmachen, daß, obwohl es sich bei dem Therapeuten um einen höflichen, zivilisierten Mann handelte, es ihm dennoch mißlang, sich über den eigenen Beweggrund seines gewalttätigen Vorgehens klarzuwerden, indem er sein eigenes Verhalten dem bekannten psychoanalytischen Sachverhalt der Übertragung zuschrieb. (Das heißt, die Gegenübertragung bestand darin, daß der Therapeut wütend wurde, weil er aus seinem Wunsch heraus, den Patienten gesund zu machen, ihn bemutterte, aber, als der Patient nicht positiv darauf reagierte, eben wütend wurde.) Farber gibt dem Vorfall eine andere Deutung, indem er diese Begegnung als das Aufeinanderprallen zweier Willen interpretiert. Meines Erachtens wird weder diese Interpretation noch die Deutung des Vorfalls als ein Übertragungsgeschehen dem Gehalt dieser Begegnung gerecht.

Nun trifft es zwar zu, daß das Verhalten des Patienten provozierend war. Aber erwartete der Therapeut nicht von seinem Patienten, daß er ein etabliertes Rollenspiel mit festen, aber unausgesprochenen Regeln mitspiele? Sollte er nicht, indem er sich seinerseits »nett« aufführte, das Image des Therapeuten von sich selbst als das eines netten Menschen bestätigen? Das Bild eines gütigen, milden und liebevollen Mannes? Mißbrauchte der Therapeut den Patienten nicht, so wie wir einander tagein, tagaus mißbrauchen, um seine Tugend bestätigt zu sehen? Es scheint, daß er nicht nur die gute Mutter sein wollte; seine Großzügigkeit war auch ein Schachspiel der allgemeinen gegenseitigen Bestätigung, in dessen Verlauf der eine sich mächtig und bedeutend fühlt und der andere beweist, wie gehorsam er sein kann.

Hätte der Patient mitgemacht, hätte er dann nicht auch durch »anständiges« Benehmen bewiesen, was für ein guter, sich also auf dem Weg der Besserung befindlicher Patient er geworden sei?

All dies spürte natürlich der Patient und sagte Nein. Der

Schizophrene[8] ist oft so unkooperativ, weil er das Rollenspiel durch seine »Hilflosigkeit« bloßstellt. Durch das Hilflossein stellt er sich gegen die Heuchelei des Rollenspiels. Das irritiert uns, weil wir Gefangene in unserem eigenen Spiel sind. Wer darf schon offen wütend sein, wenn man, der Rolle gemäß, solcher »Hilflosigkeit« doch nur mit Güte gegenübertreten darf. Das Verhalten des Patienten zwingt uns, in unserem eigenen Spiel zu ersticken. Dafür rächen wir uns, indem wir darauf bestehen, ihm zu »helfen«. Und wenn das nicht wirkt, geraten die Helfer in eine ernsthafte seelische Krise, die sich häufig in psychosomatischen Symptomen, wie zum Beispiel Migränen, niederschlägt.

Es stimmt, daß dieser Patient sich der humanen Seite des Therapeuten, seinen freundlichen, fördernden Absichten verschloß. Dennoch lassen uns solche Patienten – in ihrer unbeirrbaren Demaskierung einer einschränkenden Liebe als Heuchelei – einen Blick auf die Wahrheit erhaschen, eine Wahrheit, die wir täglich negieren. Wir alle spielen vielerlei Rollen, die dazu dienen, Systeme der Imagepflege zu stützen, die ihrerseits auf Macht basieren. Und indem wir dazu beitragen, diese Systeme zu festigen, beweisen wir, ohne es zu merken, wie oft die Ideologie der Macht auf keinen Widerspruch stößt. (Macht mag Widerstand auslösen, aber nicht ihre Ideologie.) Es ist ein Kreislauf, der sich dauernd selbst in Gang hält. Dadurch werden wir zunehmend uns selbst entfremdet und wissen nicht, was wir anderen und uns selbst antun. In unserer Welt gelten die als die Erfolgreichsten, die sich dieser Pseudo-Realität am besten anpassen. Und die, die sich am besten anpassen, sind wiederum jene, die am meisten von ihren Gefühlen abgeschnitten sind. Auf diese paradoxe Art verbirgt hier Erfolg den Irrsinn einer abgetrennten Gefühlswelt.

Das Resultat ist eine *Realität*, von der Marcel Proust bemerkte: »Wie haben wir den Mut, in einer Welt zu leben, in der die Liebe durch eine Lüge provoziert wird, die aus dem Bedürfnis besteht, unsere Leiden von denen mildern zu lassen, die uns zum Leiden brachten?« Die Widerspenstigkeit des Patienten war Prüfstein und zugleich Weigerung, an diesem gemeinsamen Betrug teilzunehmen. Als *hilfloser* Schizophrener kann sich das ein Mensch erlauben! Leider führt es zum totalen Verlust der persönlichen und gesellschaftlichen Beziehungen, zum seelischen Selbstmord, da die gesellschaftlichen Konventionen das *Nicht-Teilnehmen* als sozialen Verrat brandmarken.

Die Weigerung des Patienten beleuchtet genau das, was uns üblicherweise vom Bewußtsein ferngehalten wird. Herrscher und Beherrschter, Unterdrücker und Unterdrückter sind in einen gemeinsamen Machtaustausch verwickelt, in dem Fürsorge zur Einschränkung der tatsächlichen Freiheit führt; das Ganze wird dann noch Liebe genannt. Der Preis der Anpassung an diesen Vorgang ist die Furcht vor der eigenen Freiheit und Lebendigkeit, und dies trotz aller eventuell zur Schau getragenen Rebellion. Man kann sich kritisch gegen die Normen einer Gesellschaft auflehnen, ohne sich dieser Furcht bewußt zu sein. Ohne es zu bemerken, haben wir uns bereits ergeben. Da, wo wir es weder bemerken noch wissen, haben wir uns mit der Macht selbst identifiziert. Die Furcht vor der eigenen Autonomie und vor der Lebendigkeit, zu der sie führt, wird zum unbewußten Angelpunkt unseres Lebens. Diese Zerstückelung unserer autonomen Möglichkeiten ist so umfassend, daß wir sie gar nicht bemerken.

Die Angst vor der Autonomie und vor der Freiheit, ein eigenes Selbst zu haben

Ein Beispiel für die umfassende Zerstückelung der Autonomie und das sie begleitende Unbewußtsein läßt sich in unserem Laufen, Gehen, Stehen, also in unseren alltäglichen körperlichen Bewegungen beobachten. (In diesem Zusammenhang ist es interessant, daß die Bewegungen vieler Schizophrener wie eine Parodie auf unsere Art, uns zu bewegen, erscheinen. Sie basieren auf der Ablehnung der gesellschaftlichen Regeln für unsere Körperhaltung.)

In seiner Rede zur Verleihung des Nobelpreises 1973 analysierte Nikolaas Tinbergen (1974) unsere Körperhaltung und

Bewegung. Er beschrieb, wie die meisten von uns mit verkrampften Nackenmuskeln, hochgezogenen Schultern und angespannten Gesäßmuskeln umhergehen. Wir sitzen mit einem gebeugten Rücken, den wir entweder zu weit nach vorne oder zu weit nach hinten verlagern. Wir haben *feste Vorstellungen* vom Sitzen, Stehen und Gehen und wollen ihnen entsprechen. Unsere bewußten Vorstellungen von Haltung und Bewegung spiegeln eher einen statischen Begriff des Gleichgewichts wider als dessen eigentliche dynamische Eigenart. Hat man ein *harmonisches Körpergefühl*, dann ist der Übergang von einer Körperhaltung in die andere fließend, ob es nun Sitzen, Stehen oder Gehen ist. Sobald wir aber versuchen, unsere Bewegung bewußt zu machen, werden die meisten von uns bemerken, daß wir uns innerlich vorbereiten müssen, um von einer Bewegung in die andere überzugehen.

Was Tinbergen tief beeindruckte, als er sich einer körperlichen Rehabilitationsmethode unterzog (es handelte sich um die Alexander-Methode),[9] war, wie schnell sich seine Körperbeherrschung verbesserte. Offensichtlich sind wir in der Lage, mit der richtigen Methode die Zwänge unserer Vergangenheit abzuschütteln.

Moshe Feldenkrais (1949, 1972, 1977), der sich ebenfalls vierzig Jahre lang mit der menschlichen Körperbewegung befaßt hat, hat ähnliche Beobachtungen über die Lernfähigkeit der Großhirnrinde gemacht. (Diese ist das Organ, durch welches unser Körperverhalten gesteuert wird.) Offenbar besitzen wir die Fähigkeit, *rasch umzulernen*, und können daher fehlerhafte Bewegungsabläufe durch besser integrierte ersetzen, wenn wir Gelegenheit haben, neue Erfahrungen zu machen.

»Falscher Gebrauch mit all seinen psychosomatischen oder somatopsychischen Folgen«, sagt Tinbergen, »muß deshalb als Resultat ... eines kulturell bedingten Stresses betrachtet werden.« Offensichtlich funktioniert das Gehirn im Sinn einer »korrekten« Vorstellung von Leistung, so formulieren es E. von Holst und H. Mittelstaedt (1950). Wahrscheinlich werden Ergebnisse unserer Körperbewegung in bildhafter Form an das Gehirn zurückgegeben, wo sie mit den in der Großhirnrinde bereitgestellten Erwartungen verglichen werden. Tinbergen und Feldenkrais betonen, daß die *Grundlagen* dieser Erwartungen nicht genetischer, sondern phänotypischer Art sind, das heißt, daß sie durch die frühen Lern- und Sozialisierungsprozesse bestimmt werden.

Ich verweise auf diese Zusammenhänge, weil es sich hier meines Erachtens nicht nur um ein falsch gelerntes Bewegungsmuster handelt. Es geht vielmehr darum, daß die durch schädliche Kultureinflüsse bedingte Art zu gehen und zu stehen, nur ein Teil eines viel umfassenderen Phänomens ist: *das Ersetzen des eigenen Willens durch einen fremden.* Also der Verlust autonomer Funktionen. Die Folgen eines solchen universalen Vertauschens werden anschaulich anhand einer persönlichen Erfahrung während einer Arbeitstagung. Sie zeigte mir nicht nur, daß dieser ganze Vorgang aus unserem Bewußtsein verdrängt wird, sondern auch, wie sehr wir selber uns scheuen, ihn als solchen zu erkennen.

Diese Tagung über funktionelle Therapie wurde im Kinderzentrum der Münchner Universitätsklinik 1979 unter der Leitung von Feldenkrais abgehalten (Gruen, 1980a). In seiner Arbeit über die Bewegungsabläufe kam Feldenkrais schon früh zu der Erkenntnis, daß der *Zwang zur Sozialisierung* sich hemmend und einengend auf unsere Lernfähigkeit auswirkt. Bei der Rehabilitation von Patienten, die an zerebralen Lähmungen, multipler Sklerose und anderen Krankheiten litten, zeigte sich, daß oft bestimmte Denkmuster und falsche Erfahrungen mit unserem Körper Ursache des Funktionsverlustes waren. Durch den Sozialisierungsprozeß vermittelt, basieren die Denkmuster über unseren Körper auf Anpassung, denn diese verspricht soziale und damit affektive Sicherheit. Diese Art des Denkens führt unvermeidlich zu Phänomenen der *Abspaltung von unseren Körperempfindungen.* Und diese Art der Trennung, die eine *Spaltung der Gefühle* mit sich bringt, erschwert es uns ungemein, unser Selbst auf *eigenen Erfahrungen* aufzubauen. Ziel der erwähnten Arbeitstagung war es, den Teilnehmern eine auf neuen Körpererfahrungen basierende Integration zu vermitteln.

In zwei Tagen brachte Feldenkrais eine Gruppe von rund hundert Spezialisten (Ärzten, Psychologen, Physiotherapeuten) dazu, über ihre Beweglichkeit so weit zu verfügen, daß sie, zum Beispiel am Boden sitzend und sich in nur einer Richtung um die eigene Achse drehend, einen Blickwinkel von dreihundertsechzig Grad umfassen konnten. Er machte es uns möglich, mit unserem Körper so verbunden zu sein, daß wir unsere Bewegungen, die auf abstrakten Vorstellungen der uns möglichen Handlungen beruhen, in dem Augenblick umwandeln konnten, in dem Feldenkrais uns mit dem von uns getrennten Körper-Selbst zusammenbrachte.

Ich berichte über diese Erfahrungen und N. Tinbergens Ideen, weil gleich nach dieser Erfahrung der Befreiung ein allgemeines Unbehagen in der erwähnten Gruppe ausbrach. Teilnehmer wurden auf Feldenkrais wütend, aggressiv und kritisch. Es war, als ob die plötzliche Freiheitserfahrung selbst Unruhe und Angst auslöste.

Das Bedenkliche an unserer Anpassung ist nicht nur, daß wir alle bis zu einem gewissen Grad unfreiwillig nach dem Willen anderer leben. Das Gefährliche ist vielmehr, daß wir in dem Moment, in dem wir sozusagen *außerhalb* unserer Körperlichkeit leben, anfangen, die *Freiheit zu fürchten,* die durch den Durchbruch unserer ursprünglichen Selbstgefühle plötzlich erwacht ist. Wir sehnen uns zwar alle nach Freiheit, sind aber gleichzeitig auf vielfältige Art an die *Macht* gebunden, von der wir Anerkennung und Lob verlangen. Das verurteilt uns zur ewigen Suche nach Bestätigung ausgerechnet bei denjenigen, die unsere wirklichen Bedürfnisse verneinen.

Wir haben, wie schon erwähnt, in frühester Kindheit gelernt, den Forderungen jener Menschen nachzugeben, von deren »Liebe« wir abhängig waren. Ohne darüber nachdenken zu können, haben wir gelernt, *Freisein mit Ungehorsam gleichzusetzen.* So empfinden wir Freiheit, wie die Erfahrung auf dieser Tagung zeigte, mit Angst und Furcht. Der tiefere Grund von Prousts Beobachtung, wonach der Mensch das Bedürfnis hat, seine Leiden von denen gelindert zu wissen, die ihn zum Leiden gebracht haben, muß hier seine Wurzeln haben. Wenn in früher Kindheit Eltern die Lebendigkeit und Lebenslust ihrer Kinder als störend oder gar bedrohlich empfinden, werden diese bald von Unruhe und Angst erfüllt.

Erich Fromm (1941) schrieb von der Flucht vor der Freiheit auf politischer Ebene, weil mit der Freiheit gleichzeitig Verantwortung verlangt wird, der der Mensch entrinnen möchte. Es scheint aber vielmehr, daß die Furcht, die die Bewährungschance der Freiheit untergräbt, aus den von Unruhe und Angst geprägten frühkindlichen Jahren resultiert, in denen unsere Lebendigkeit und Lebenslust zu unserem eigenen Feind wurden. Das heißt, das eigene Selbst wird zum Feind. Die Flucht vor der Verantwortung ist zutiefst die Furcht, ein eigenes Selbst zu haben. Es ist nicht Furcht vor einer abstrakten Verantwortung, sondern es ist die Verantwortung, sich selbst zu verwirklichen, die uns bedroht. Unsere eigene Lebendigkeit und die des anderen machen uns Angst. Bricht diese Lebendigkeit doch einmal durch, so steigt Wut auf, und wir selber wenden uns gegen unsere eigene Freiheit. Es ist die Lebendigkeit selbst, gegen die wir uns stellen.

Die Lektion aus der Kindheit ist, daß die Macht, zuerst durch die Eltern erlebt, den Ausweg aus der verschmähten Hilflosigkeit verspricht. Sie wird zum Vorbild der Rettung aus der Unzulänglichkeit. Freiheit bekommt dann einen ganz anderen, unausgesprochenen Sinn. Freiheit meint dann Erlösung von, nicht Verbindung mit den eigenen Bedürfnissen. Dadurch wird Freiheit in ein Streben nach Macht pervertiert, das heißt in ein Streben nach Eroberung von Dingen außerhalb des zurückgewiesenen Selbst. Der Besitz von Dingen und Lebewesen wird, so verspricht es uns die Gesinnung unserer Kultur, uns Sicherheit bringen. Tatsächlich aber trennen uns die daraus entstehenden zahlreichen künstlichen Bedürfnisse nur noch mehr von uns selbst.

Leider ist Rebellion keine Garantie dafür, daß diese Lektion nicht wirksam bleibt. Die Identifikation mit der Macht als dem Mittel, das einen erlöst, bindet einen an das Prinzip der Unterdrücker.[10] Man ist genau auf die gleiche Weise geschädigt, wie es schon die Eltern sind und die Gesellschaft, gegen die man kämpft: Man verneint die echten Bedürfnisse, man hat Angst vor dem eigenen Selbst. Und so bleibt man mit dem Feind verbunden. Henry Miller schrieb in seiner Studie ›Vom großen Aufstand‹ (1956) über Rimbauds Größe und Versagen, daß die Freiheit, nach der Rimbaud verlangte, aus der hemmungslosen Bestätigung seines Ichs kam. Diese hemmungslose Selbstbestätigung enthält das verzerrte Spiegelbild dessen, dem man selber ausgesetzt war, wenn die eigenen Autonomiebestrebungen durch rücksichtslose Machtausübung verneint wurden. Die Rechte und die Individualität anderer Menschen werden einfach übergangen, aber diesmal unter dem Deckmantel der Freiheit. »Das«, schrieb Miller, »ist keine Freiheit. Sie wird niemals die Verbindung, die Gemeinschaft mit der Menschheit finden.« Und zwar deswegen nicht, weil der Mensch in seinem Gefühlsvermögen geschädigt wurde. Rimbaud war das Kind einer grausamen, kalten Mutter, die sein Sein nicht anerkennen wollte. Sie hatte Angst vor seiner Lebendigkeit und Wärme (als er noch Kind war); und er, obwohl er »alles sehen, alles fühlen, alles ausschöpfen, alles entdecken, alles aussprechen wollte«, sehnte sich am Ende nur nach ihrer Anerkennung. Trotz seiner Rebellion unterwarf er sich ihrer Kälte, ihrer Angst vor seiner Lebendigkeit.

Das ist auch die eigentliche Verletzung unserer Generation: Sie will etwas Besseres, etwas Menschlicheres, weiß aber nicht, daß ihre eigene verletzte Menschlichkeit diesem Ziel im Wege steht. Und so Miller: »Alles das hat für mich nur eine einzige Bedeutung – daß man immer noch an die Mutter gebunden ist. Die ganze eigene Rebellion war nur Staub in den Augen, stellte den verzweifelten Versuch dar, diese Leibeigenschaft zu verbergen.«[11] Wenn man von seinen wahren Bedürfnissen abgespalten ist, muß alles zum Kampf werden. Man fürchtet das, was einen mit seinen Mitmenschen verbinden könnte. Und so verlangt man etwas von denen, die einem nichts geben können. Von ihnen fordert man, ohne die darin verborgene Abhängigkeit zu erkennen. Und genau wie bei denen, gegen die man kämpft, wird die Gewalttätigkeit in ihren zahlreichen Äußerungsformen zum Sinn des Seins.

Bommie Baumann stieg aus der deutschen Terroristenszene aus, als er erkannte, daß der Terrorismus selbst eine Flucht vor dem Bedürfnis nach Liebe ist (›Wie alles anfing‹, 1975). Im Gegensatz zu seinen Gefährten kam er aus einer Arbeiterfamilie. Das hat vielleicht etwas damit zu tun, daß er nicht so abgespalten war von seinen Gefühlen wie seine Genossen aus dem Mittelstand. Jedoch unbewußt haben Baumann und seine Gefährten Abhängigkeit mit Liebe verwechselt. So müssen sie täglich durch ihr Gebaren diese verdeckte Abhängigkeit von ihren Eltern in Abrede stellen. Ihr ungeduldiges »Ich will, sofort!« ermöglicht ihnen, ihre Abhängigkeit nicht zur Kenntnis nehmen zu müssen. Ihre Ideologie wird dazu mißbraucht, um die Ungeduld[12] zu verkleiden, mit der sie sich an ihren Eltern rächen möchten. An Eltern, die ihren Söhnen und Töchtern alles gegeben haben, nur nicht die Liebe, die sie gebraucht hätten. Die Kinder wurden verwöhnt, um sie einem falschen elterlichen Selbstbewußtsein dienstbar zu machen. Ohne daß sie es wissen, drückt damit ihre rebellische Ungeduld eine Abhängigkeit aus, die von der uneingestandenen Voraussetzung ausgeht, die Welt schulde ihnen die Erfüllung eines steten, undifferenzierten, nicht artikulierbaren Verlangens. Sie können nicht erkennen, was sie alles mit jenen verbindet, gegen die sie sich so vehement auflehnen: eine geheime, gemeinsame Abhängigkeit. Auf diese Weise bleiben sie dem Diktat der Macht treu und gehorsam. (Natürlich spreche ich hier über das rebellische Wesen und nicht von dem Revolutionär, der seine Bindung an Autorität und den gleichzeitigen Wunsch, andere zu dominieren, überwunden hat.)

Der Gehorsam ersetzt Autonomie und führt zur Entmenschlichung

Daß der Gehorsam gegenüber Macht und Autorität zu einer allgemeinen Verneinung der eigenen menschlichen Gefühle führt, wird auch durch das berühmte Experiment veranschaulicht, das S. Milgram (1963) an der Yale Universität durchgeführt hat. In diesem Forschungsprojekt mußten die Teilnehmer, Angehörige des Mittelstandes in New Haven, den Versuchspersonen schmerzhafte elektrische Stromstöße geben, einer von wissenschaftlichen Autoritäten aufgestellten Behauptung gehorchend, daß durch diese Schocks das Erlernen einer Serie von Übungen gefördert beziehungsweise verbessert würde.

Außer einigen wenigen, die, als ihnen klar wurde, wie sadistisch der Vorgang war, einfach die Fortsetzung des Experiments verweigerten, machten alle anderen mit und gaben nach den Anweisungen des Versuchsleiters Stöße mit zunehmender Stärke. Der Forschungsleiter, von den meisten fraglos als wissenschaftliche Autorität akzeptiert, sagte: »Drück den Knopf, gib Strom, es ist zum Besten dieses Menschen« – und die Teilnehmer teilten die Schocks aus, selbst dann noch, als die Versuchsperson schrie, zappelte und scheinbar ohnmächtig wurde. Sie gaben ihr eigenes Mitgefühl einfach auf. Daß ein Mitgefühl da war, kann man den Tabellen und Beschreibungen des Experiments entnehmen. Die Mehrzahl nämlich entwickelte während des Experiments psychosomatische Symptome. Sie schwitzten, fingen an zu zittern, begannen zu stottern, bissen sich in die Lippen, bekamen Krämpfe. Aus den Protokollen wird ersichtlich, daß die Teilnehmer ihre eigenen Reaktionen auf das Leiden der Versuchsperson in keiner Weise in ihr eigenes Bewußtsein kommen ließen.

So weit also kann die allgegenwärtige Anpassung unser Menschsein unterdrücken. Wenn die eigenen mitmenschlichen Bedürfnisse sich dennoch manifestieren, etwa in der Form von psychosomatischen oder sogenannten neurotischen Störungen, so gewähren uns die Patienten in der Psychotherapie oder Psychoanalyse Einblick in den inneren Aspekt dieser Vorgänge.

Ein Patient, dem seine Empfindsamkeit gegenüber seinen eigenen und wirklichen Bedürfnissen zur Last wurde – weil sie sein Anpassungsvermögen störten –, drückte diesen Sachverhalt folgendermaßen aus: »Meine Empfindsamkeit bringt mir nichts ein ..., sie belästigt mich nur ... Jener Mann (er sprach von einem Industriellen, den er in den Ferien getroffen hatte und den er bewunderte) spielt Tennis und baut sich sein Imperium auf. Was tut's, wenn er keine Gefühle hat? (!) Ich habe nicht den Eindruck, daß der weiß, was Magenschmerzen sind. Ja, ich bewundere ihn, weil es sein Ziel im Leben ist, weder Empfindsamkeit zu besitzen noch darunter zu leiden ... Er und andere, die so sind wie er, müssen sich gar nicht um die *Wirklichkeit* kümmern.«

Dieses Beispiel zeigt, daß manche Patienten in die Therapie kommen, um von ihrer Menschlichkeit befreit zu werden, weil sie sie als »Behinderung« empfinden, und nicht etwa, um diese Empfindungen zu bewahren. Die Analyse des Ödipus-Komplexes verschleiert oft die Kollaboration des Therapeuten mit diesem Ziel. Eine Analyse, die den Patienten nicht mit seiner Hilflosigkeit und dem daraus entstehenden Selbstverrat an der eigenen Autonomie konfrontiert, verdeckt den eigentlichen Ursprung des ödipalen Geschehens in der Unterdrückung der Frau und dem daraus entspringenden Versuch der Eltern, sich durch den Besitz ihrer Kinder Bedeutung und Macht zu schaffen (A. Gruen, 1969; R. Sampson, 1966). Es ist diese Mentalität des Besitzens und der Methode, sich mittels der Kinder gegeneinander auszuspielen, was ödipale Schuldgefühle erzeugt. Wenn dann der Patient durch die Psychoanalyse von ihnen befreit wird, ohne daß die tiefere Verletzung im Kinde, nämlich seine gestörten empathischen (autonomen) Grundlagen berührt werden, so wird eine Persönlichkeit entwickelt, der dann in ihrer Jagd nach Macht tatsächlich nichts mehr im Wege steht.

Es ist genau wie mit dem oben erwähnten Patienten, der uns den ganzen Sinn eines auf Macht aufgebauten Selbst beleuchtet. Er möchte die Macht haben, die es ihm ermöglichen würde, der Wirklichkeit der Gefühle und Bedürfnisse anderer wie der seiner eigenen zu entgehen. Das ist seine (und eine unausgesprochene gesellschaftliche) Idee von Freiheit: sich nicht um diese *Wirklichkeit* kümmern zu müssen. Er verbalisierte lediglich, was uns täglich mit oder ohne Worte suggeriert beziehungsweise vorgelebt wird. Dadurch wird unsere Empfindsamkeit verschüttet. Der wahre Sachverhalt ist der, daß man dem eigenen Leiden entkommen möchte. Denn man hat nicht die Kraft, das eigene Leid oder das der anderen wahrzunehmen.

Die Schlußfolgerung drängt sich auf, daß in unserer Gesellschaft die wirklich Schwachen nicht diejenigen sind, die leiden, sondern jene, die vor dem Leiden Angst haben. Die Menschen, die am erfolgreichsten angepaßt sind, sind die eigentlich Schwachen. Darum propagieren sie seit Jahrtausenden den Mythos, daß Empfindsamkeit Schwäche sei. Sie sind es, die allem Schmerz und Leiden durch Spaltung ihres Bewußtseins zu entkommen suchen. Sie sind die eigentlichen Träger einer verzerrten Realität, das heißt der Ideologie der Macht und des Herrschens.

In ›Stilwell und das Amerikanische Erlebnis in China‹ (1971) schildert die Historikerin Barbara Tuchman eine Begegnung Madame Tschiang Kai-scheks mit Freunden. Für Madame Tschiang bestimmte die Realität der Macht das ganze Leben. Als ihre Freunde ihr die Integrität, den Idealismus und die Selbstaufopferung der chinesischen Revolutionäre um Mao Tse-tung im Jenan der vierziger Jahre beschrieben, sprach sie einen Satz, den Tuchman als den traurigsten ihres Lebens bezeichnet: »Wenn das, was ihr mir erzählt, wahr ist, dann kann ich nur sagen, daß diese Menschen nie wirkliche Macht erlebt haben.« So kann sich, wenn auch nur für einen bewußten Moment, das Leiden einer Person, die ihre eigene Menschlichkeit der Macht wegen verraten mußte, ausdrücken. Sie verstand, daß Macht Ideale tötet.

Wie verzweifelt Menschen sein können, wenn sie, nach einem lebenslänglichen Versuch, gehorsam nach dieser Lüge der Macht zu leben, schließlich beginnen sich zu wehren, ersehen wir aus folgender Nachricht in der ›New York Times‹ vom 7. Februar 1968: »Phoenix, Arizona, USA Februar 6 (AP). Linda ... tötete sich selbst, berichteten Polizisten heute, um ihren Hund Beauty nicht strafen zu müssen wegen der Nacht, die sie mit einem verheirateten Mann verbracht hatte. ›Ich habe sie getötet. Ich habe sie getötet. Es ist genauso, als hätte ich selbst sie getötet‹, so zitierte ein Kriminalbeamter ihren leidgebeugten Vater. ›Ich gab ihr die Waffe. Ich habe niemals gedacht, daß sie so etwas tun würde ...‹ Linda kam nach einem Tanzvergnügen in Tempe am Freitagabend nicht nach Hause. Am Samstag gab sie zu, die Nacht mit einem Leutnant der Luftwaffe verbracht zu haben. Die Eltern beschlossen eine Strafe, die Linda eine Lehre sein sollte. Sie befahlen ihr, den Hund zu erschießen, der ihr seit zwei Jahren gehörte. Am Sonntag brachten sie Linda und den Hund in die Wüste in der Nähe ihres Hauses. Das Mädchen mußte ein Grab schaufeln. Dann hielt die Mutter den Hund fest, und der Vater gab seiner Tochter eine Pistole und befahl ihr, den Hund zu erschießen. Statt dessen setzte das Mädchen die Pistole an ihre rechte Schläfe und erschoß sich selbst.«

In höchst paradoxer Weise drückt der Mangel an Selbstentwicklung beim Schizophrenen den Trieb zur Autonomie durch eine Art Untergrundbewegung aus. Wenn der Drang zur Autonomie jedoch abgebrochen wird, und sei es auch mit der Zustimmung des Opfers, so werden wir keine untergründige Autonomie mehr vorfinden, sondern den Versuch, Stärke ausschließlich durch die Identifizierung mit der unterdrückenden Autorität zu finden.[13] Durch solch ein Anpassungsverhalten entsteht das Bild von der *Normalität.* Kein Ringen um Selbstverwirklichung kommt zustande. Und da die Identifikation zum Endergebnis der persönlichen Entwicklung wird – anstatt zur Brücke zur eigenen Individualität –, muß der Sozialisierungsprozeß tatsächlich auf Verdrängung und Sublimation basieren.

Wenn die Entstehung hinlänglicher Autonomie verhindert wird, so wird das Grundgefühl der Wut – durch die Dissoziation der entstehenden Hilflosigkeit gefördert und verdeckt – den Rahmen der angehenden Entwicklung bilden. Für solche Menschen gilt Sigmund Freuds Schilderung des Sozialisierungsvorgangs. Es sind die Menschen, die sich hassen, weil sie mit ihrer eigenen Hilflosigkeit nicht fertiggeworden sind. Als bedrohlich wurden nicht diejenigen erlebt, die Hilflosigkeit hervorriefen oder verstärkten, sondern die Hilflosigkeit selbst. Daher die grenzenlose Wut. Ihre Hilflosigkeit erlebten sie als so bedrohlich, daß sie die Hilflosigkeit, um deretwillen sie sich verachtet fühlten, nicht nur verdrängten, sondern diese Verachtung ihrer faktischen Unterdrücker verinnerlichten. Auf diese Weise übten sie Verrat an ihrem Selbst. Verheimlichter Haß gegen sich selbst und alle anderen – die ausgenommen, deren Inhumanität sie *stark* erscheinen läßt – wird zum Leitmotiv ihres Lebens. Für solche Menschen ist Sozialisierung als repressiver Prozeß eine Notwendigkeit.

Einen Ausweg weisen uns die Versager, jene also, die wir als Schizophrene, Leistungsunfähige, widerspenstige Kinder und Jugendliche an den Rand drängen. Ihre Verzweiflung gilt der

Lüge einer Liebe, mit der wir unsere eigene Selbstachtung zu erlangen suchen; eine Selbstachtung, die nicht dem Lebendigen in uns gilt, sondern der Bestätigung unserer Macht und Wichtigkeit. Es ist wie in Sophokles' Drama ›Philoktet‹, in dem der junge Neoptolemos dem stinkenden, eitrigen Versager Philoktet in ganzer Ehrlichkeit beisteht und dadurch Philoktets Rückkehr zur Menschheit bewirkt. Edmund Wilson hat dies in seiner Studie (1965) über ›Philoktet‹ ausgeführt: Odysseus meint, daß er sich die übermenschliche Kraft des Invaliden Philoktet mit seinem Bogen zu eigen machen könnte, ohne ihn als Menschen anzuerkennen. Für Neoptolemos, der beauftragt ist, diese Manipulation auszuführen, ist solch ein Vorgehen wider die Natur. Weil er, schreibt Wilson, »genügend treuherzig, arglos und menschlich ist, den anderen einfach als Mensch zu betrachten, nicht als Ungeheuer noch als magischen Besitz, der nur gewünscht wird, um einen Zweck zu erreichen . . ., löst er Philoktets Widerspenstigkeit auf, heilt ihn dadurch und setzt ihn frei.« (Übersetzt von A. Gruen)

Nur wenn wir den Hilfesuchenden nicht als ein Objekt des Besitzes gebrauchen, um etwas für unsere eigene »Selbstachtung« zu gewinnen; nur wenn wir dem anderen als einem anderen Menschen entgegenkommen, nicht um uns mächtig zu fühlen, sondern weil sein Leid unsere Sympathie auslöst oder wir seinen Mut bewundern; nur dann, wenn wir riskieren, unsere gemeinsame Menschlichkeit anzuerkennen, werden wir Autonomie auch im Schizophrenen oder im schreienden Kind freisetzen.

Darüber hinaus können wir in dem Maße, in dem wir uns über diese Zusammenhänge im klaren sind, dem Druck, ständig an unseren eigenen Gefühlen zu zweifeln und uns unserer Menschlichkeit zu schämen, entschlossen entgegentreten. Das ist der eigentliche Sinn des Bewußtwerdens. Es geht darum, den Kampf um unsere eigene Realität angesichts des allgemeinen Drucks, uns einer verzerrten und reduzierten »Wirklichkeit« zu fügen, durchzustehen.

II
Über Abstraktion: Die Verminderung und Zerstörung des menschlichen Erlebens

Ein Mittel, durch das sowohl die Spaltung des Selbst als auch Gewalttätigkeit in unserem Leben entstehen und erhalten werden, ist die Abstraktion. Teilweise ist es die Überschätzung der Intelligenz, die zur Glorifikation des abstrakten Denkens – abgetrennt von Leidenschaft, Enthusiasmus und Aufrichtigkeit – geführt hat. Søren Kierkegaard bemerkte 1846, daß wenn die Intelligenz dergestalt überschätzt wird, sie die Wirklichkeit in gleichsam stellvertretende Ideen hinein transformiert (Kierkegaard, 1962). Diese Verwandlung führt dann dazu, daß Ideen, die von der Logik ihrer eigenen Verhältnisse her als Ideen bestimmt werden, dadurch eine Art höhere »Realität« beanspruchen, die sich von den wirklichen Vorgängen, denen sie entsprechen sollten, weit entfernen kann.

Auf diese Weise wird unser Leben durch eine Logik bestimmt, die wenig mit der Wirklichkeit der menschlichen Leidenschaft, des Enthusiasmus oder der Aufrichtigkeit zu tun hat. Deswegen schrieb Kierkegaard, daß solche abstrakten Vorgänge »die wirkliche Situation in unwirkliche Tricks und Realität in ein Spiel« verwandeln. Die Konsequenzen solcher Vorgänge zerstören unseren Geist und unsere Möglichkeiten als Menschen, gerade weil die Abstraktion sich dafür eignet, Gefühle auszufiltern. Dadurch wird Abstraktion selbst zum Mittel unserer Destruktivität und insbesondere unserer *verleugneten* Destruktivität. Indem Ideen Vorgänge vertreten können, ohne die wirklichen Bedürfnisse und Beweggründe in Betracht zu ziehen, verlieren wir den Zugang zu ihnen, und unsere Sicht wird eine reduzierte und eingeschränkte, ohne daß wir uns dessen bewußt sein müssen. Aber eine reduzierte Wahrnehmung – sie mag zwar als wissenschaftlich gelten und dem Menschen kurzfristig Beherrschung und Erfolg bringen – muß unvermeidlich destruktiv auf das Leben wirken.

Einerseits ist es also die Abstraktion selbst, die zur Destruktivität führen kann; andererseits dient sie der Verleugnung jener Destruktivität, die sich unvermeidlich in jedem aufbaut und insbesondere dort, wo man von sich selbst und seinen Gefühlen getrennt ist. Es ist ein bösartiger Kreislauf. Je mehr unser Denken von Abstraktionen erfüllt ist, desto weniger Zugang haben wir zur Realität unseres Gefühlslebens und zu seinen destruktiven Ausläufern. Zum Beispiel können wir uns dem

»Fortschritt« widmen, ohne merken zu müssen, daß wir dadurch die Umwelt oder andere Menschen zerstören können. Die Logik der Abstraktion erlaubt uns, unser persönliches Involviertsein von den jeweiligen Resultaten abzutrennen. Es ist ja alles für den »Fortschritt« oder für die »Sicherung« des Friedens etc. Die Abstraktion dient der Depersonalisation, der Entfremdung von peinlichen und schmerzhaften Gefühlen. Und indem die Gesellschaft solch einen Vorgang (wie den Fortschritt) als erstrebenswert erklärt und dadurch auch jeden, der diesbezüglich Fragen hat, suspekt macht – zum Verräter am Fortschritt –, verbirgt die dahinter stehende Ideologie unser Gespalten-Sein. Dadurch wird aus der »Realität« ein boshaftes Spiel: Was dem Menschen wirklich angetan wird, zählt nicht.

Die Auswirkungen sind rings um uns zu finden. Die Unterdrückung der Frau und die seelische Verarmung des Mannes wären dafür ein grundsätzliches Beispiel. Nur schreiben wir den daraus entstehenden Antagonismus »Instinkten« zu. In Wirklichkeit sieht der Mann sich selbst und Frauen *durch* Abstraktionen, die einer Metaphysik der Notwendigkeit von Stärke, des Herrschens und der Macht entsprechen und nicht der eigentlichen Realität des anderen. Grundlegend für das Verhalten des Mannes in unserer Kultur ist die Angst vor Hilflosigkeit, Schwäche und Verwundbarkeit. Er kann sie sich aber nicht eingestehen, da seine Metaphysik des Seins auf Heldentum zielt. Sogar wenn er Heldentum für sich selbst nicht für möglich hält, bleibt es immer noch sein Wertmaßstab. Seine Selbstachtung ruht deswegen auf dem Image seiner Wichtigkeit (also wirklicher oder auch nur eingebildeter Macht), für deren Bestätigung er Bewunderung benötigt. Und dazu dient ihm die Abstraktion der Frau, die in ihrer behaupteten »Minderwertigkeit« oder zumindest »Unterlegenheit« die Chance erhält, durch die Anerkennung seiner »Kraft« und »Überlegenheit« dieses Image aufzubauen und zu stabilisieren.

Wir lernen viel über die Auswirkungen solcher abstrakten Begriffe – in deren Sinne Menschen sich bewegen – durch jene Frauen, die hier *nicht* mitmachen. D. H. Lawrence gibt uns in seinem Roman ›Der Regenbogen‹ (1915) ein Porträt solch einer Frau in der Person der jungen Lehrerin Winnifred Inger. Er läßt sie sagen: »Die Männer ... machen viel Getue und reden, aber in Wirklichkeit sind sie hohl. Sie pressen alles in eine wirkungslose Schablone. Liebe ist für sie eine tote Vorstellung. Sie kommen nicht zu einem und lieben einen, sie kommen zu einer Vorstellung und sagen ›du bist meine Vorstellung‹, so lieben sie sich selbst. Als ob ich irgendeines Mannes Vorstellung wäre! Als ob ich existiere, weil ein Mann eine Vorstellung von mir hat! Als ob ich von ihm verraten sein will, ihm meinen Körper als ein Instrument für seine Vorstellung leihen will, um nur ein Apparat mehr für seine tote Theorie zu sein ..., sie können eine Frau nicht *nehmen*. Sie kommen jedesmal zu ihrer eigenen Vorstellung und nehmen die statt dessen. Sie gleichen Schlangen, die versuchen, sich selbst zu verschlingen, weil sie hungrig sind.«

Also macht die Abstraktion uns Männer unwirklich, und die Liebe, nach der wir jagen, bleibt außer Reichweite. Statt wahre Intimität zu suchen, zielen wir auf Bewunderung. Die Wirkungen der daraus resultierenden gegenseitigen Bestätigung von Bildern wird Realität genannt. Aber dadurch rührt niemand den anderen an, bleibt unverwundbar, leider aber auch leer. Und die Leere erzeugt Angst, die Angst Wut, und die Wut Aggression. Und die treibt uns immer weiter in ein abstraktes Verhalten hinein, das die Abspaltung von den Gefühlen verstärkt.

Viele Frauen machen dieses Spiel mit. Sie nehmen das Image von der Macht des Mannes für bare Münze. Sie akzeptieren seine Vorstellungen, indem sie ihn einerseits bestätigen und dadurch aber auch ihrerseits »Macht« ausüben. Dadurch wird Sex zum Mittel, über den Besitz des Mannes zu seinen mythisierten Kräften zu gelangen. Daß dies ein Akt der Destruktivität und nicht der Liebe ist, ersehen wir an der verdeckten Rache solcher Frauen, die darauf bestehen, zum Lenker des Schicksals des Mannes zu werden: Sie zwingen ihn, immer und in jeder Lage Held zu bleiben.

Wieder ist es D. H. Lawrence, der uns in ›Liebende Frauen‹ (1921) in der Gestalt der Gudrun und ihrer Beziehung zu Gerald, dem mächtigen Industriellen, davon ein Bild gibt: »... sie küßte ihn, obwohl ihre Leidenschaft eine unklare Angst war vor dem, was er darstellte, wobei sie sein Gesicht mit ihren unendlich sanften, fragenden Fingern berührte. Ihre Finger gingen über sein Gesicht, seine Züge. Wie vollkommen und fremdartig er war – ah, wie gefährlich! ... Sie küßte ihn und legte ihre Finger über sein Gesicht, seine Augen, seine Nasenflügel ..., um ihn zu erkennen, ihn durch Berührung zu besitzen ... Er war ein unaussprechlicher Feind, aber beschienen von unheimlichem weißem Feuer ... Ah, wenn sie die kostbare *Erkenntnis* seines Selbst haben könnte, würde sie erfüllt sein, und nichts könnte sie dessen berauben ... Ihre Finger hielten ihn in ihrer Macht. Das bodenlose Begehren, das sie in ihm hervorrufen konnte, war tiefer als der Tod, wo er keine Wahl hatte.« (Übersetzt von A. Gruen)

Lawrence wußte, daß solche Frauen Männer – genau wie die Männer, von denen sie erzeugt werden – nicht als Individuen sehen, sondern als Abstraktion der Macht, die sie besitzen müssen. Das Faszinierende ist seine Beschreibung von Gudruns Zärtlichkeiten, die vom Haß beflügelt werden, aber sexuell erregend sind – eine scharfsinnige Wahrnehmung der unbewußten Liebe für das Tödliche. Diese Liebe wächst aus der frühkindlichen Abhängigkeit von einem kalten und/oder abweisenden Liebesobjekt.

Geschichtliche Entwicklung

Paradoxerweise ist es der Entwicklungsprozeß der Wissenschaft selbst, der diese Vorgänge unterstützt hat. Er schuf ein geistiges Klima, in dem die Annahme vorherrschte, daß die Realität der Welt vollkommen mittels abstrakter Begriffe allein beschrieben werden könnte, da diese so erfolgreich im Aufbau der Wissenschaft waren. Dadurch wurde der intellektuelle Vorgang der Abstraktion so generalisiert und emporgehoben, daß diesbezügliche Zweifel oder Infragestellung gleichbedeutend wurden mit mangelnder Loyalität gegenüber dem menschlichen Fortschritt (A. Whitehead, 1925). Die wissenschaftlichen

Konzepte, beginnend im 17. Jahrhundert, nahmen einfach an, daß die ganze Realität durch ihre Methoden beschrieben werden könnte. Das, was nicht auf diese Weise beschrieben werden konnte, wie zum Beispiel unsere moralische Natur und unser existentielles Bewußtsein, wurde einfach von »wissenschaftlicher« Betrachtung ausgeschaltet. Die Wissenschaft, so betonte der englische Mathematiker J. Sullivan (1927), blieb »durch kreisläufige Definition für immer auf einer Ebene (des Denkens), das nur gewisse Bereiche zum Wachsen und dadurch zur Maturität entwickeln ließ. Alles andere wurde gehemmt und verkümmerte.« Dadurch erhielt die Spaltung zwischen Intelligenz und Gefühl ihre kulturelle Sanktionierung.

Die daraus entstehende Verneinung der Gefühlswelt hält an und hindert immer mehr Menschen, ihre Intelligenz auch als Werkzeug der Anerkennung tiefster emotioneller Erfahrungen gebrauchen zu können. Insbesondere in den Sozialwissenschaften – trotz scheinbarer Sorge um unser Erleben – wird der Prozeß der Abstraktion als Mittel, uns von uns selbst zu trennen, immer mehr institutionalisiert. Unter dem Vorwand einer Methodologie, die nicht mit dem menschlichen Erleben zu Rande kommen kann, schafft sie dieses einfach ab. So schreibt J. Krutch (1954): »... wenn man das Verhalten von Menschen oder Tieren beobachtet, *als ob* es in seiner Beschaffenheit eine mechanische wäre, wird es ganz unwidersprochen so erscheinen; ... wenn man mit dem Vorschlag anfängt: Wir können uns nicht mit dem Bewußtsein befassen, weil es nicht bequem ist, deswegen haben wir das Recht, es auszuschalten – so erzeugt man ganz einfach die Verwirrungen, die in der Tat entstanden sind. Es wird einfach angenommen, daß das, was eine gegebene Methode als schwer zu handhaben ansieht, nicht existieren kann.« (Übersetzt von A. Gruen)

In den Sozialwissenschaften hat das Primat der Methodologie dazu geführt, die Methode mit der Wissenschaft selber zu verwechseln. Diese Begrenzung durch eine so verstandene Methodologie übernimmt unkritisch die Parameter der Definition, die stipuliert, was als wissenschaftlich gelten darf. Dasjenige menschliche Erleben, das sich nicht in eine gewisse Methodologie einordnen läßt, wird dann verneint. Es existiert nicht. Indem die Dimensionen des menschlichen Erlebens auf diese

Weise auf ein lapidares »fiat« (es sei!) reduziert werden, ist es kein Wunder, daß ein B. F. Skinner (1972) diese zu *Input*- und *Output*-Charakteristiken vereinfachen kann, ohne Möglichkeiten für Freiheit und Würde. Die Ironie ist, daß solch eine Vereinfachung und Reduktion des menschlichen Erlebens und der Erfahrung ihre eigene Gültigkeit erschafft. Indem im voraus definiert wird, was relevant ist, braucht man sich nicht mehr um das, was wirklich vorgeht, zu kümmern. Und tatsächlich kann man Menschen und Tiere auf ihre einzelnen Verhaltensweisen reduzieren und ihr Verhalten immer noch »wissenschaftlich« voraussagen. Kavanaus Forschung, über die ich oben berichtete, ist ein Beispiel. Was eigentlich Ausdruck autonomer Triebe ist, wird für einen Wissenschaftler wie Skinner zum »Fehler«. Die Methode bestätigt das Resultat!

Es ist in dieser Sicht interessant, daß die dänische Schriftstellerin Tania Blixen (unter dem Pseudonym Isak Dinesen) in ihrem autobiographischen Bericht ›Afrika‹ (1937) einen deutschen Wissenschaftler beschreibt, der sich bei ihr über seine »primitiven« eingeborenen Versuchspersonen beklagte. Der Validität seiner Resultate wegen wollte er ihr Verhalten systematisieren, sie aber sträubten sich gegen Standardisierung. Sie taten genau das, was die Mäuse in Kavanaus Forschungsexperiment taten: Sie reagierten mit fehlerhaftem Verhalten, um so Variabilität in eine sonst unerträglich einförmige Forschungswelt zu bringen. Ihr Verhalten war voller »Fehler«, und aus der Sicht dieses Wissenschaftlers waren sie »dumm«. Tania Blixen kam zur folgenden Überlegung: »Ich dachte öfters, daß das, was diese Einheimischen tief in ihren Herzen fürchteten, unsere Pedanterie war. In den Händen eines Pedanten sterben sie aus Kummer.«

Ein Wissenschaftler ganz anderen Formats, der Nobelpreisträger George Wald, beschrieb einmal eine Begegnung mit einem Kollegen seiner psychologischen Fakultät der Universität Harvard, die bezeichnend und erschütternd ist: »Eines Tages sagte er zu mir, sein Gesicht ganz erleuchtet: ›Gebt uns die Spezifikationen, und wir werden euch diese Menschen produzieren.‹ Ich befürchte, daß ich meine Kontrolle ein bißchen verlor. Meine erste Antwort nämlich war: ›Nicht, wenn ich dich nicht zuerst erschießen kann.‹ Das schien ihn zu irritieren.« (Wald, 1969) Auch Professor Skinner und sein Labor sind in Harvard situiert.

Der Sinn des Lebens, wie er von den Sozialwissenschaften impliziert wird, steht nicht nur in Gefahr, mit menschlichem Erleben und Erfahrung in keiner Übereinstimmung mehr zu sein, sondern er erschwert es, uns selbst zu erkennen, weil in den Sozialwissenschaften das gesellschaftlich annehmbare Bewußtsein dominiert. Die Diskrepanz zwischen dem, was offiziell als Erleben annehmbar ist, und dem, was wirklich erfahren wird, blockiert den Zugang zu unseren Gefühlen.

Ein Beispiel

Sehen wir uns ein vielzitiertes Experiment aus der sozial-psychologischen Forschung von B. Latané und J. Darley (1969) an, es wurde 1968 mit dem Sozialpsychologischen Preis der Amerikanischen Gesellschaft für den Fortschritt der Wissenschaft (AAAS) ausgezeichnet. Ich hebe dieses Beispiel deshalb hervor, weil es diesen prestigereichen und bedeutenden Preis erhielt. Die Preisverleihung wirft gleichzeitig ein Licht auf den Geist der offiziellen Psychologie, ein Geist, der trotz aller Rhetorik bezüglich der Förderung menschlichen Fortschritts, emotionelle Spaltung, Entfremdung und Entmenschlichung zu legitimieren scheint.

Den Hintergrund dieses Forschungsprojektes »Zuschauer-Apathie« bildete die Ermordung der Sozialarbeiterin Kitty Genovese in einer Märznacht 1964 in Queens, New York, durch einen Geistesgestörten. Mindestens achtunddreißig ihrer Nachbarn schauten zu, ohne daß einer von ihnen der verletzten Kitty Genovese geholfen oder – obgleich der Mörder über eine halbe Stunde für seine Tat brauchte – auch nur die Polizei gerufen hätte.

Das Forschungsteam glaubte nicht, daß Apathie, Gleichgültigkeit, moralische Gefühllosigkeit, Entmenschlichung oder der

Verlust von Anteilnahme am Mitmenschen hinter diesem grauenhaften Ereignis stecken könnte. Überhaupt weisen sie mit Geringschätzung auf »Prediger, Professoren und andere Moralapostel«, die in diesem Versagen, einem Mitmenschen, der in tödlicher Not ist, zu helfen, einen moralischen Mangel sehen. Sie definieren die »wirklichen« Dimensionen dieses Ereignisses, indem sie behaupten, daß »angesichts einer Situation, aus der für sie (die umstehenden Personen) selbst kein Vorteil zu holen ist . . ., es wahrscheinlich überraschend wäre, wenn überhaupt jemand eingreifen sollte . . ., es gibt nämlich wenig positive Belohnung für erfolgreiches Eingreifen bei einem Notfall.« (B. Latané und J. Darley, 1969)

Indem die Autoren annehmen, daß wir wie Maschinen funktionieren im Sinne von Input/Output und sofortigen konkreten Belohnungen (finanzielle Belohnung oder Status-Förderung), ist es ihnen unmöglich, Dimensionen zu erkennen, die solche Verhaltensweisen überschreiten. Dadurch entfällt das Transzendentale, und die Tatsachen der menschlichen Erfahrung und des Erlebens werden durch Verleugnung entstellt. Menschen antworten spontan auf Terror und die Verzweiflung eines anderen, da wir alle Anlagen für Empathie und Mitgefühl haben. Und diejenigen, die den größten Zugang zu sich selbst auf dieser Ebene des Erlebens haben, können nicht mit der Verneinung dieser Fähigkeit leben. Scheinbar können es diese Forscher. Das machte es ihnen möglich, kompliziert angelegte Versuchssituationen zu erfinden, um die Beziehung zwischen der zufälligen Anwesenheit von Umstehenden und dem Ausmaß, in dem eine einzelne Person auf die Notlage einer anderen reagiert, zu untersuchen. Ihre Ergebnisse, so behaupten sie, weisen darauf hin, daß Menschen weniger zur Hilfeleistung bereit sind, wenn noch andere Umstehende anwesend sind.

Ihre Untersuchungsmethode bezieht sich vor allem auf die unterschiedliche Distanz zwischen anwesenden Zuschauern und einer Person in Not. Da kann man natürlich »sehen« und die Distanzen »messen«. Was dabei verloren geht, ist das transzendentale Innere: die Frage, wie und warum der Mensch seiner eigenen Menschlichkeit ausweicht. Aber da nur das Meßbare bei dieser Methode zählt, geht ja scheinbar nichts verloren! Das rein Mechanische – die Entfernung der Anwesenden voneinander – bestimmt das Bewußtsein des Experiments, und alles andere existiert dann nicht. Und das Meßbare gibt Antworten, die mathematisch verarbeitet werden können. So wird unser Bewußtsein von *äußeren* Bedingtheiten dominiert, und eine ganze *innere* Welt geht verloren.

Sehen wir uns einige bedeutende Befunde dieses Forschungsteams an, die die Forscher selbst gar nicht beachtet haben. Wir finden in ihren Tabellen eine erhebliche Anzahl von Versuchspersonen, die dem Opfer zu Hilfe kamen. Da diese nicht der Mehrzahl entsprachen, wurden sie mit Hilfe statistischer Methoden als unbedeutend erklärt. So schaltet die Methode menschliches Erleben, weil nicht statistisch relevant vorkommend, einfach aus. Die *Methode* bestimmt, was als Faktum zugelassen wird, nicht die *Realität.* Vielleicht noch wichtiger: Eine große Anzahl derjenigen, die dem Opfer nicht zu Hilfe kamen (also diejenigen, die dem statistischen »Beweis« dieses Forschungsprojekts zugrunde liegen), zeigen starke psychosomatische Symptome. Ich zitiere: »Viele dieser ... zeigten physische Anzeichen von Nervosität; häufig hatten sie zitternde Hände und schwitzende Handflächen.«

Was sagt uns dieses Verhalten, das von den Forschern zwar zur Kenntnis genommen, dann aber von ihnen beiseite geschoben wurde? Es veranschaulicht gerade, daß ein Mensch, der angesichts der Notlage eines anderen der Forderung seiner eigenen Menschlichkeit ausweicht, den somatischen Auswirkungen eines solchen Verrats am Mitmenschen nicht entgehen kann. Die erwähnte Arbeit von S. Milgram zeigte uns bereits, daß, wenn der eigenen Menschlichkeit ausgewichen und die eigene empathische Reaktion eingedämmt wird, sich diese in der Körpersprache als psychosomatisches Symptom ausdrückt. Das Forschungsteam informiert uns zwar über solche Tatbestände, übersieht aber ihre Bedeutung, weil sie, ideologisch bedingt, mithelfen, unser gefühlsmäßiges Erleben zu vermindern. Indem sie das tun, tragen sie dazu bei, die allgemeine Gewalttätigkeit und Aggression zu steigern.

Wenn die Hilflosigkeit eines anderen Menschen unsere eigene anrührt, wir diese aber verneinen, weil wir sie als unsere eigene Schwäche verurteilen, erregt das Opfer in uns Selbsthaß. In der Hilflosigkeit verwandelt sich unsere eigene Angst in Wut auf den Unterlegenen. Das Opfer spiegelt unser eigenes gehaßtes Selbst wider. Wir machen das Opfer für unsere »Schwäche« verantwortlich. Dieser Mechanismus hat eine lange entwicklungsbedingte Vorgeschichte. Es ist die Rache für unsere eigene verdrängte Demütigung. Hier finden wir den Grund für die faktische Identifizierung mit der Gewalttätigkeit, die solche Wissenschaftler nicht nur verdecken, sondern gerade durch die Verdeckung noch fördern. Sie machen es uns schwierig, den Ursprung unserer tatsächlichen Grausamkeit und Gefühllosigkeit in der Verdammung unseres eigenen Leidens zu finden. Je unmenschlicher wir uns benehmen, desto stärker verwerfen wir unser eigenes Leiden und verraten das menschliche Selbst, das wir selbst nie haben durften.

Worüber B. Latané und J. Darley uns nicht informieren können und worüber sie, wie bewußt auch immer, einen Deckmantel des Verleugnens ziehen, ist nicht nur der eigentliche Prozeß der menschlichen Verrohung, sondern sie verleugnen auch den möglichen Widerwillen gegenüber solchen Geschehnissen. So verdeckt die offizielle Psychologie Perversität mit wissenschaftlichen Begründungen. Selbst Rudolf Höß, der gefürchtete Kommandant des Vernichtungslagers Auschwitz, konnte Überresten seiner Menschlichkeit nicht entgehen. Er selbst berichtet über einen Nervenzusammenbruch (Höß, 1978), als diese Gefühle seine Roboterisierung zu durchbrechen drohten (siehe auch: A. Kempinski, 1973).

Die moderne Sozialwissenschaft ist jedoch dabei, menschliche Perversität annehmbar zu machen. So legen uns die Autoren folgende Schlußfolgerungen vor: Wenn »mehrere Beobachter anwesend sind ..., wird die Verantwortung für das Dazwischentreten von allen Zuschauern geteilt ... Demzufolge mag der einzelne weniger geneigt sein, zu helfen. Situationsfaktoren, die die unmittelbare soziale Umgebung betreffen, werden als von größerer Bedeutung hinsichtlich der Reaktion einer Einzelperson angesehen als vage kulturelle und Persönlichkeitskonzepte wie ›Apathie‹ und ›Entfremdung durch Urbanisierung‹ ... Die Weigerung, Hilfe zu leisten, kann möglicherweise besser verstanden werden, wenn man die Beziehung zwischen den Umstehenden kennt, als die zwischen Umstehenden und dem Opfer.« (B. Latané und J. Darley, 1969)

Indem Latané und Darley verneinen, daß der entscheidende Punkt die Beziehung von Umstehenden und Opfer ist, legitimieren sie die *Flucht des Selbst in die Gruppe* und verändern damit unsere Auffassung der Realität. Indem sie die Spannung zwischen dem, was ist, und dem, was sein sollte, ausschalten (wie Herbert Marcuse es 1967 formuliert), setzen sie eine neue Realität ein, die wesentliche Strukturen unserer Erfahrung leugnet und das Verstecken hinter einer Gruppe rechtfertigt. Die Tatsache, daß somatische Symptome den Beweis für das Vorhandensein von Scham, Schuld, Feigheit und anderen versteckten Gefühlen erbringen, wird einfach übersehen. Objektivität, Genauigkeit und »wissenschaftliches« Vorgehen werden verdreht, um menschliche Erfahrungen über den Haufen zu werfen oder sie zu entstellen. Während unsere Patienten leiden, weil sie nicht aufrichtig leben können, bestehen diese Propagandisten der Dissoziation und des Gespaltenseins auf einer gefälschten Realität, die die Gültigkeit des Leidens in Abrede stellt.

Was von solchen modernen Wissenschaftlern zur Norm menschlichen Verhaltens erhoben wird, ist im Grunde gefährlicher Wahnsinn. Diese Normen verdecken die Ursachen unserer Verletzungen und Verletzlichkeiten: In einem raffinierten System wird eine eingeschränkte, pervertierte Menschlichkeit zementiert.

Was uns da in Wahrheit glaubwürdig gemacht werden soll, ist eine Gesellschaft, in der ein allgegenwärtiger Konsens uns vor Selbstzweifeln, Ängsten und Beunruhigung bewahren soll. Aber das Gegenteil passiert. Eine neue Krankheit wird uns eingeimpft. Unter dem Deckmantel der Beschäftigung mit Gefühlen werden diese verneint. Und indem uns der Zugang zu ihnen versperrt wird, erhöht sich die Malaise der Gefühlslosigkeit. Aber Gefühlslosigkeit bedeutet immer gesteigerte Wut und Aggression.

In dem Ausmaß, in welchem das eigene Selbst verlorengeht – die eigenen Mitgefühle und die Verantwortung für sie verschwinden –, wird ein Mensch rachsüchtig, ohne sich dessen wirklich bewußt werden zu können. Die Aggression ist eine Reaktion auf die Verminderung der eigenen Autonomie, selbst noch in den Fällen, in denen ein Mensch sich gegen diesen Verlust wehren möchte. Es wiederholt sich die ganze eigene Entwicklung: Die Unterdrückung der Rezeptionen und Gefühle der Kinder führt zu einem Gehorsam, der die hervorgerufene Aggression verdeckt, sie gleichzeitig aber auch steigert. Die Wut ist gegen das eigene Leiden und die eigene Lebendigkeit gerichtet, denn sie sind es, die offensichtlich die Willkür und Unterdrückung seitens der Eltern hervorriefen. Das bewirkt die erste Spaltung im eigenen Sein: die eigene Zurückweisung dessen, was zum Anhaltspunkt der eigenen autonomen Entwicklung hätte führen können, nämlich die eigene Lebendigkeit. Und obwohl man selbst zum Werkzeug der eigenen Unterdrückung gemacht wurde, bedeutet das nicht, daß der Haß gegen das eigene Sein sich etwa verminderte. Im Gegenteil, es ist ein anhaltender Spaltungs-Prozeß, der durch die gesellschaftlichen Normen gefördert wird.

Die Quelle unserer Aggression und Destruktivität liegt in der Kultur, nicht im einzelnen Menschen. Und alles, was unsere Spaltung fördert, unseren Zugang zu unserem Inneren verschließt, ist ein Teil dessen, was unsere zerstörerischen Triebe erzeugt und vermehrt. Die wahren Geschädigten sind nicht die seelisch Erkrankten, die als psychiatrische Patienten von der Gesellschaft gemieden werden. Es sind diejenigen, die uns ein reduziertes Mensch-Sein suggerieren wollen. Die Kranken weisen uns unbewußt den Weg zu uns selbst zurück. Die anderen versperren ihn mit ihren pseudo-einleuchtenden und -entlastenden theoretischen Gebilden.

Indem die Weigerung, Hilfe zu leisten, als eine rein geometrische Funktion zwischen Umstehenden und Opfer gedeutet wird, wird die Möglichkeit, mit sich selbst aufrichtig zu sein, vereitelt. Wenn das passiert, gibt es nur zwei Möglichkeiten: Es wird einem so unbehaglich und unwohl, daß man zusammenbricht; oder man muß das zerstören, was die Unbehaglichkeit in einem erweckt. Aus dem letzteren aber folgen zwingend Grausamkeit und Sadismus. Jeder polizeiliche Apparat, der auf Grausamkeit beruht, und jedes Folterungssystem ist von jener inneren Logik geprägt, die ihre Funktionäre zwingt, stets von sich selbst wegzurennen. Das geschieht, indem sie ihren Opfern gegenüber immer grausamer werden. Erst wenn ein Opfer nicht mehr schreit und der Folterer damit sein eigenes, stets verleugnetes Leid weit hinter sich lassen kann, wird es ihm möglich, mit der Folterung aufzuhören.

Die Gewalttätigkeit und Destruktivität, von der hier die Rede ist, braucht nicht persönlich zu sein und nicht körperlich im unmittelbaren Sinne. Es ist nicht leicht zu erkennen, in welchem Zusammenhang und Ausmaß wir von unseren Gefühlen getrennt werden. Aber solch ein Vorgang ist ein Mord – wenn auch auf Raten – an unserem Selbst. Das erwähnte Forschungsprojekt über »Apathie von Zuschauern« ist seinem Ansatz nach und in seiner faktischen Wirkung gewalttätig und destruktiv. Es legitimiert die Verschmelzung eines Selbst mit der Gruppe, ohne es auszusprechen, indem es diesen Vorgang einem operationellen, geometrischen Verfahren gleichstellt. Dadurch fördert es den Untergang unserer Denkmöglichkeit, unserer Fähigkeit, der Realität entgegenzukommen, und unserer Kapazität, uns moralisch-ethisch zu verhalten und zu urteilen.

Das reduzierte Selbst

Eine Person mit einem inneren Erleben, das solchen offiziellen Attributionen widerspricht, ist in Gefahr, als von der Norm abweichend, als behindert oder gestört gekennzeichnet zu werden. Es ist der *reduzierte* Mensch, der uns als normal vorgestellt wird. Er ist derjenige, der am erfolgreichsten (und scheinbar ohne Probleme) in einer reduzierten Welt zurechtkommt.

Im täglichen Leben mit unseren Mitmenschen, die auf solch reduzierte Weise »besser« funktionieren als wir selbst, fühlen wir uns manchmal sogar unterlegen. Max Frisch gibt im Tagebuch 1966–1971 ein Gespräch wieder, das er mit einem Malermeister geführt hat – und öffnet uns damit die Augen für dieses eingeschränkte Menschsein.

Die beiden Männer sitzen in einer Wirtschaft beim Essen. Der Malermeister hat sechs Angestellte, und man spricht über Tarife, Spritzverfahren, Sport etc. »Welche Arbeit macht Ihnen am meisten Lust? Ich würde lieber eine Wand malen als Fensterrahmen, lieber bunt als das fade Ton-in-Ton. Wie ist das? Er versteht die Frage nicht. Renovation oder Neubauten, was macht er lieber? Man macht eben beides, heute nacht eben eine Renovation. Graust ihm vor Nachtarbeit? Das muß eben sein. Da er der Boß ist und somit wählen kann, was er selber macht, frage ich: Welchen Teil der Arbeit wählen Sie? Grundieren denke ich mir langweilig, das Ablaugen alter Farbe noch langweiliger. Was macht mehr Lust, Streichen mit Pinsel oder Spritzverfahren? Seine Spezialität, sagt er, ist Hartlack; dabei komme er auf seine Rechnung. Also zurück zu den heutigen Tarifen ... Zurück zu meiner Frage: Was in Ihrem Beruf macht Ihnen manchmal Lust? Seine Auskunft: Spritzverfahren ist einträglicher, Renovationen bringen wenig, Tarife für Fenster sind einfach zu niedrig, dagegen mit Hartlack kommt er auf seine Rechnung, schließlich hat er auch eine Familie, Nachtarbeit ist einträglich. Meine Frage nebenbei: Verdrießt es Sie nicht, wenn Farben gegen Ihren persönlichen Geschmack verlangt werden? Natürlich arbeitet er, um sein Leben zu verdienen, das verstehe ich; trotzdem meine Frage: Hätten Sie nicht manchmal Lust, eine andere Farbe zu wählen? Man legt doch Muster an und kann verdutzt sein, wenn dann das ganze Treppenhaus gestrichen ist; ich meine: Sind Sie gespannt, wie es zum Schluß aussieht? Er weiß nicht, was ich mit dieser Fragerei eigentlich will; sein Einkommen hat er mir gesagt. Hätten Sie manchmal Lust auf einen anderen Beruf? Das ist klar: wenn eine Arbeit sich nicht auszahlt, weil die Tarife teilweise einfach zu niedrig sind, ausgenommen bei Hartlack, der seine Spezialität ist, kann sich das Einkommen verringern. Also Hartlack macht Lust? Das kann er nicht sagen; Hartlack ist ein Verfahren, ... (er muß) jetzt gehen, ohne die Hand zu geben, unlustig –.« (Frisch, 1972)

Es ist schon ein Paradox, daß abstrakte Begriffe spontane Lebensäußerungen reduzieren. Aber es stellt sich die Frage, inwieweit unsere wissenschaftliche Fachwelt, der ganze Wissenschaftsbetrieb, vielleicht unfreiwillig solche Reduktion des Lebens betreibt und dafür Zustimmung verlangt.

Der Außenseiter und Versager

Immer wieder sind es die Künstler und Außenseiter, die unser Bewußtsein von den Einschränkungen offizieller Ideologien befreien. Colin Wilsons Studie (1956) solcher Außenseiter im literarischen, malerischen und tänzerischen Bereich stellt ihre kreativen Errungenschaften als Kampf gegen die Fesseln einer das Individuum reduzierenden Kultur heraus. Das Eigenartige ist, daß ihre Erfolge meistens später von derselben Kultur als Ausdruck ihrer Förderung beansprucht werden. Es ist aber jedesmal der Versuch, sich nicht durch die Kultur im eigenen Gefühlsbereich spalten zu lassen, der es dem Künstler (und Außenseiter) ermöglicht, solche eigenständigen Kräfte zu entwickeln.

Wilson sieht es als Kampf um die eigene Wahrheit an, was sicher auch zutrifft. Aber im tiefsten Sinn ist es ein Kampf, integer und ganz zu bleiben, nicht da gespalten zu sein, wo die Kultur es verlangt. (Der Künstler kann natürlich auf anderen Ebenen gespalten sein.) Und sie verlangt dies immer wieder, insbesondere da, wo sie uns in unserem Autonom-Sein schädigt, damit wir uns den Ursprüngen unserer Aggression und Destruktivität nicht bewußt werden sollen.

Wenn das Ringen um Ganzheitlichkeit und Autonomie durch den Druck der offiziellen Verstellungen überwältigt wird, bleibt oft als einziger Ausdruck der Autonomie der Ausweg in ein gestörtes seelisches Verhalten. Charlotte Perkins Gilman schildert in einer brillanten und bewegenden Erzählung, ›Die Gelbe Tapete‹ (1892), den einsamen und ohnmächtigen Kampf einer Frau gegen die Zersplitterung ihrer Gefühle; sie ist der gewalttätigen Besitzgier ihres Ehemannes ausgeliefert, die aber dem offiziellen Sinne nach als Fürsorge und Liebe dargestellt wird. Der einzige Weg, der aus dieser lebensbedrohenden Situation herausführt – sie selbst ist in diesen Abstraktionen eingesperrt und kann sich nicht direkt gegen ihren »guten« Mann wehren –, ist die Sprengung aller rationell aufgebauten Beziehungsarten. Und so wird diese Frau vor unseren Augen schizophren. (Dieses Buch entwickelt auf siebenunddreißig Seiten die eigentliche Entstehung einer Schizophrenie, wie man sie schlüssiger kaum je in der Fachliteratur findet.)

Der Schizophrene präsentiert uns das Bild einer übertriebenen Hilflosigkeit. Darin könnten wir unsere eigene, verneinte Hilflosigkeit erkennen. Unser Zugang zu ihr ist aber gesperrt, da unsere diesbezüglichen Erfahrungen aus unserer Kindheit durch die Erfahrung der elterlichen Willkür für uns so schmerzlich waren, daß wir sie sukzessive von uns abspalten, verdrängen mußten. Danach waren wir einer Kultur ausgesetzt, in der Hilflosigkeit mit Schwäche gleichgesetzt ist und Macht und Herrschaft als Ausweg aus Angst und Verzweiflung angeboten wurde. Und so lernten wir, von der Erfahrung der Hilflosigkeit davonzulaufen. Wenn wir es nicht tun, werden wir zu »Versagern«. Und so träumen wir fast alle von Erfolg, von Eroberungen, von mächtigen Taten, um unseren Gefühlen der Hilflosigkeit, der Angst und Verzweiflung zu entrinnen. Aber sie erreichen uns in den nächtlichen Alpträumen der Kindheit und auch später!

Die Abstraktionen, die wir als gültigen Rahmen unserer Existenz akzeptieren, steigern unsere innere Malaise, unseren inneren Drang zur Gewalttätigkeit, denn sie schneiden uns von den Gefühlen ab, die durch Hilflosigkeit erzeugt werden. Die einzigen Wege, auf denen wir mit unserer verneinten Hilflosigkeit zu Rande kommen können, sind irrsinnige Wege, die aber selbst vom Bewußtsein ihrer Irrsinnigkeit abgespalten sind.

Wie denn sollen wir den Größenwahn eines jeden Menschen einschätzen, der seiner Hilflosigkeit dadurch entrinnt, indem er von Welteroberungen, Massenmord, Schlachten und übermenschlichen Erfolgen träumen muß? Wir merken gar nicht, daß hinter diesen Größenphantasien die Ablehnung der Erfahrung der Hilflosigkeit steckt. Die Abstraktion, die uns den Weg dazu versperrt, ist jene Konzeption, die Verzweiflung mit

Schwäche gleichsetzt. Sie verurteilt uns als schwach, wovor wir uns insgeheim alle schämen. Wir haben Angst vor einer Schwäche, die nur durch Abstraktion existiert.

So können wir nie erfahren, daß Hilflosigkeit, wenn man sie annimmt, die Erfahrung möglich machen könnte, daß man ihretwegen nicht sterben wird. Solch eine Erfahrung ist uns aber durch den Begriff der Schwäche verschlossen. Die Angst vor dem Versagen treibt uns zu immer größeren Herausforderungen, oder sie vermittelt uns das permanente Gefühl des Zukurzgekommenseins und der Unterlegenheit. Dadurch bleiben wir ewig in einem Zustand innerer Spannung und Wut. Diese Ohnmacht wird außerdem zum Antrieb der ständigen Suche nach einer Identität, die nicht die eigene (nämlich die autonome) ist und dadurch wiederum zur Quelle einer unerschöpflichen Wut. Man kann sie weder überwinden noch erkennen, da die Abstraktionen, die unseren Lebensrahmen bestimmen, uns von unseren wahren Gefühlen fernhalten. Man sucht nach Gründen, aber nur bei den Opfern, nicht in der eigenen Wirklichkeit; genau wie man selbst zum Opfer wurde, ohne es zu wissen. Man rächt sich an dem, was man als Schwäche im anderen auffaßt, nämlich die Schwäche, die man in sich selbst verachten und hassen muß! Der Judenhaß ist ein grundlegendes Beispiel dafür.

Ein anderes, das durch seine gespenstische Unwirklichkeit diesen Vorgang ebenfalls bestätigt, kommt aus dem Amerika der ersten Jahre der Wirtschaftskrise unter dem Präsidenten Richard Nixon. Man interviewte die Arbeitslosen in Spokane (State of Washington), meistens Ingenieure, die wegen wirtschaftlicher Schwierigkeiten in der Flugzeugindustrie ihre Stellen verloren hatten. Während sie auf die Auszahlung ihrer Arbeitslosengelder warteten, wurden sie gefragt, was für sie gegenwärtig das größte Problem sei. Fast alle sagten, es sei das Problem des »busing«. Damit war die Beförderung schwarzer Schüler mit dem Bus zu den Schulen in weißen Gegenden der Stadt gemeint!

Man sucht andernorts Opfer, nicht die wahren Quellen der eigenen Wut, da man die eigene gar nicht erkennt und auch die eigene Verzweiflung nicht zugeben kann. Je mehr solche Wut ausgedrückt wird, desto mehr steigert sie sich. Wenn wir nicht auf die wahren Ursachen treffen, steigert sich dieser Krankheitszustand und führt zu einem magischen Selbst- und Weltbild. Man fühlt sich unüberwindbar, wenn man einen anderen zerschlagen, ihn foltern kann. Man erkennt nicht, daß es die eigene Hilflosigkeit ist, die zertreten wird.

Was kann im Grunde magischer sein, die Gefühle der Omnipotenz stärker fördern als Phantasien über Massenzerstörung und Eroberung? Solche Träume, als »nüchterne« Konzeptualisationen, losgetrennt von Gefühlen, steigern die Fähigkeit, Schrecklichkeiten mit Gleichmut betrachten zu können. Solche Phantasien werden heutzutage täglich als »Spiele« im Computer simuliert. Und zwar von Menschen, die sich als normal, gute Väter, ehrenwerte Professoren etc. verstehen.

Hier ein Beispiel eines modernen Kriegsspiels, wie es täglich von führenden Eliten in aller Welt als normale Gedankenübung praktiziert wird. E. O. Stillmann – er war damals Europäischer Direktor des Hudson Institutes und Berater der Amerikanischen Armee und der Kommission für Atomenergie – entwikkelt in einem »wissenschaftlichen« Artikel, der in den ›Annals of the American Academy of Political and Social Science‹ (1972) erschien, folgendes Szenarium nach einer angenommenen Konfrontation zwischen den USA und China: »Die USA verkünden die bevorstehende Zerstörung (sagen wir innerhalb achtundvierzig Stunden) von einer aus zehn chinesischen Städten und gibt im selben Moment aber auch Zufluchtsstätten bekannt. Diese Ankündigung von zehn möglichen Städten soll die Wirkung des Terrors steigern, um große Teile der Bevölkerung in Bewegung zu setzen, dadurch chaotische Verwirrung hervorzurufen und zur Zerstörung der Regierungsstruktur und Autorität beizutragen ... Innerhalb von achtundvierzig Stunden bringen die USA eine Spätzünder-Atombombe (auf vierundzwanzig Stunden gesetzt) nach Mukden und ruft gleichzeitig das chinesische Volk auf, seine Regierung zu stürzen und sich zu retten. Diesem Angriff folgen ähnliche Angriffe auf drei zusätzliche Städte – Harbin, Chanhchow und Canton.«

Hier führt Konzeptualisation, völlig getrennt von emotionalen Reaktionen, zu einer völlig gleichmütigen Betrachtung des Schrecklichen. Diese Zerstörungsphantasien befinden sich auf derselben Ebene wie die Machtphantasien der Ideologen. Krylenko, sowjetischer Generalstaatsanwalt und später Kommissar für Justiz unter Stalin, äußerte einmal, wie Solschenizyn berichtet, daß Menschen nicht Menschen seien, sondern »Träger von spezifischen Ideen. (Deswegen) machen die individuellen Qualitäten (eines Angeklagten) gar keinen Unterschied, da *nur eine* Schätzungsmethode möglich sei: Beurteilung aus der Sicht der Klassennützlichkeit.« (Solschenizyn, 1973).

Der wesentliche Punkt, sagt Solschenizyn ironisch, ist, daß manche die Existenz anderer Menschen einfach als störend empfinden. Aber wenn die Ideologie der Macht von Bürgern für die eigentliche Realität gehalten wird, geht Autonomie verloren, und es herrscht Abstraktion. Diesen Vorgang veranschaulicht eine Zeitungsnachricht aus der ›New York Times‹ vom 3. Juli 1970. Anläßlich eines Prozesses, für den Geschworene ausgewählt werden mußten, fragte der Richter einen voraussichtlichen Geschworenen, ob er den Angeklagten für schuldig halte. Er antwortete: »Wenn er nichts getan hätte, würde er doch nicht hier sein.« (Der Prozeß ging um einen »Black Panther« der damaligen Schwarzen-Bewegung.) Als daraufhin der Richter weiter fragte: »Nehmen wir an, ich setze Sie jetzt unter Arrest.« – »Das«, antwortete darauf dieser Mann, »würde heißen, daß ich was getan haben muß.« Eine bezeichnende Schlußfolgerung! Dies ist die vollkommene Auslieferung der eigenen Autonomie, kompensiert mit Hilfe einer vollkommenen Identifikation mit den herrschenden Mächten und ihrer Ideologie.

Wer aber nicht abstrakt lebt, kann so etwas gar nicht tun. Abstraktion zwingt einen, Rache an Opfern auszuüben, die in letzter Konsequenz die eigene Unterdrückung, den eigenen Selbsthaß hervorrufen.

Wir sehen, ideologische Abstraktionen können dazu führen, daß des Mörders eigene Mordlust verhüllt bleibt. Dadurch bleiben die Beweggründe unseres Verhaltens unzugänglich. Man empfindet sich selbst als friedlich. Aber wenn Grausamkeit als abstrakter Begriff gefaßt wird, entfernt sich das Grausame von der Realität der Gefühle. Dann wird es möglich, Menschen der Grausamkeit auszusetzen, ohne daß Entsetzen zu einer bewußten Gefühlswahrnehmung zu werden braucht. Die »Body-Count«-Mentalität des Vietnam-Krieges, Nixons Gebrauch des

»Drehbuch«-Konzepts für Taten, die schreckliches Leid über Menschen brachten, sind Aspekte dieses Phänomens. Sie entfernen den Menschen von seinen Gefühlen, und da, wo er sie noch hat, gehen sie in Richtung einer Identifikation mit der Gruppe, so daß er der Verantwortung für die eigenen Gefühle entrinnen kann. Darin liegt das Ungeheuerliche, recht eigentlich Verbrecherische von Gelehrten wie Latané und Darley und Scharen von »wissenschaftlichen« Nachbetern. Die Tatsache, daß Menschen, die vor solchen Vorkommnissen wie jener brutale Mord und den pseudowissenschaftlichen Erklärungsversuchen und daraus legitimierten Normen schaudern, als unrealistisch bezeichnet werden, ist ein Symptom für das Ausmaß, in welchem Perversität die offizielle Realität definiert.

Wenn ein Mensch mittels abstrakter Begriffe über sich selbst schließlich zum Roboter wird, ist die Gefahr sehr groß, daß er böse wird. Nur wird er sich dessen nicht bewußt. Wenn man abstrakten Begriffen des Seins unterworfen wird, die den eigenen Möglichkeiten nicht entsprechen, muß sich Wut wegen des Verrats am eigenen Ich aufbauen. Wir merken es nicht, obwohl jeder sich über Alkohol- und Drogenmißbrauch, sexuelle Promiskuität und Aggression beklagt. Der Zusammenhang mit der gestörten Autonomie wird nicht bemerkt. Die Abstraktionen, die auf einer reduzierten Menschlichkeit aufbauen, versperren unsere Sicht. Wir verzeihen eher das Böse, das sich rings um uns türmt, aber nicht die Rebellion, mit der wir das wahre Böse identifizieren.

Es ist bemerkenswert, wie sehr eine gewisse Entmenschlichung als Voraussetzung für das Überleben in den Vernichtungslagern der Nazis gesehen wird. »Um zu überleben, muß man primitiv und asozial werden.« So sehen wir auch die »Notwendigkeit« einer Primitivierung im Falle von Kriegen und Katastrophen. Wir denken uns sogar die Geschichte der Menschheit als einen Fortschritt von der Verrohung zum Zustand der Zivilisation. Alle diese Begriffe sind wohl eher zum Verdecken unserer Gefühls-Verneinungen geeignet als zum Aufdecken der Wirklichkeit.

A. Kempinski (1972) und A. Pawelczynska (1973), ein polnischer Psychiater und eine Soziologin, zeigen, daß diejenigen, die im KZ überlebten, jene waren, denen es gelang, der Verrohung entgegenzutreten, und die an ihrer Menschlichkeit festhielten. Das ist natürlich ein vollkommen gegensätzlicher Befund zu Theorien unserer »Autoritäten« in der Psychologie und Psychiatrie, die der Entmenschlichung eine gewisse Legitimität zugestanden haben. Dazu gehört auch Bruno Bettelheim (1958, 1961), obwohl gerade er viel von der Autonomie versteht, wie seine brillanten Arbeiten mit autistischen Kindern zeigen!

›The Survivor‹ (Der Überlebende) von Terrence DesPres (1976) ist ein Zeugnis zu Ehren des Menschlichen, das in den Vernichtungslagern zum Überleben führte. Er schreibt, daß die psychoanalytische Methode, wenn sie sich mit dem Konzentrationslagerverhalten beschäftigt als ob es symbolischem und vermittelndem Verhalten gleichgestellt ist, uns irreführt. Solch eine Art Interpretation kann nicht auf Handlungen angewendet werden, wo der Sinn des Lebens von äußerster Not und Verzweiflung bestimmt ist. »... wenn Tod selber Handlungen bestimmt – dann hat Verhalten keine Bedeutung in symbolischem oder psychologischem Sinne.« Der Überlebende, schreibt DesPres, war derjenige, der, indem er die »Prozeßordnung des Todes« annahm, auch der erste war, für den ›Du sollst nicht töten‹ zum Gebot wurde. »Da ist eine schreckliche Ironie in diesem Tatbestand, denn indem das Sich-dem-Tode-bewußt-Sein eine entschlossene Sorgfalt für das Leben selbst erzeugt, die Verneinung des Todes sich in einer Raserei der Destruktivität auswirkt.« Der Überlebende ist das Gegenteil dessen, zu dem die Zwänge unserer Kultur *uns* bringen, worin »die Angst vor dem Tode nur dadurch gestillt wird, indem man darauf besteht, daß das Leben selber ohne Wert ist. Der Überlebende ist der Beweis dafür, daß Männer und Frauen jetzt stark genug sind, reif genug sind, genügend wach, um den Tod ohne Grübeln zu erkennen und dadurch das Leben ohne Vorbehalt zu umarmen.« (Übersetzt von A. Gruen)

Viktor Frankls Bericht, wie er das Konzentrationslager überlebt hat (Frankl, 1982), ist genau ein solches Zeugnis zu Ehren des Besten im Menschen. Unter dieser brutalen und unwirklichen Wirklichkeit zeigte sich menschliche Verwirklichung. »Ein inneres Siegen ..., daß der Mensch innerlich stärker sein kann als sein äußerliches Schicksal.« Das war es, was zum Überleben führte, nicht die Entmenschlichung.

Wenn unsere Überlegungen allein von Macht diktiert sind, werden wir niemals die Frage stellen können: Überleben wofür? Jene, die die Abstraktionen der Politik, der Macht und des Herrschens manipulieren, nehmen einfach an, daß das, was zum Überleben führt, immer das Beste widerspiegeln muß. Solche gedanklichen Ansätze kommen aus einer falschen Auffassung von Darwins Ideen. Im Darwinschen Konzept des Überlebens ist das »Geeignetste« nicht gleichgestellt mit dem »Besten«. Der am besten geeignete Organismus, einen atomaren Krieg zu überleben, ist die Küchenschabe. *Sie* wird einst unseren Planeten erben!

Dieser Vorgang der Abstraktion wiederholt sich als verhängnisvoller Kreislauf und steigert seine Folgen. Indem uns die Abstraktion von unseren Gefühlen trennen kann, macht sie die Menschheit menschlich zu Krüppeln. Menschen, die auf diese Weise verkrüppelt sind, suchen unvermeidlich, um es mit den Worten Miguel de Unamunos zu sagen, »verhängnisvolle Entspannung, indem sie rund um sich alles verstümmeln«. Er formulierte dies anläßlich einer Feier an der Universität von Salamanca, zu einer Zeit, in der die Abstraktionen des Faschismus die hemmungslose Willkür einer verkrüppelten Macht verherrlichten. Er antwortete dem Ausruf des Franco-Generals Millán Astray, »Lang lebe der Tod«, mit: »... ein Krüppel, dem die seelische Größe eines Cervantes fehlt – einem Mann, nicht einem Über-Mensch, kräftig und vollkommen trotz seiner (körperlichen) Verstümmelung – ein Krüppel, sage ich, dem ein erhabener Geist fehlt, sucht unheilvolle Entspannung in Verstümmelung rund um sich herum.« (Payne, 1962)

Durch die Abstraktion aber kann Verstümmelung auch auf anderem Wege als durch körperliche Gewalt erfolgen. Gewalttätigkeit wird nicht nur durch die direkte Unterdrückung der autonomen Entwicklung freigesetzt, sondern ebenso durch das Fördern von Werten und Lebensorientierungen, die Autonomie negieren.

Der gegenwärtige Druck in der Erziehung auf kognitive Leistung ist dafür ein Beispiel. Bruner, Oliver, Greenfield u. a. (1966) stehen zum Beispiel in der vordersten Reihe jener pädagogischen Psychologen, die das geistige Wachstum als Ausdruck von Abstraktionen darstellen, deren Beherrschung Beweis für solches Wachstum ist. Auf diesem Weg wird das Meistern kognitiver Aufgaben ein gesellschaftlich wünschenswertes Ziel. Das frühkindliche Beherrschen solcher Abstraktionen treibt dann die Prozesse an, die das Kind befähigen, die Leiter, die zu Beförderung und Erfolg führt, zu erklimmen. Ironischerweise wird ein Kind, das sich problemlos diesen Prozessen einfügt, als *unabhängig* eingestuft! Unabhängigkeit bedeutet hier Erfolg und materielles Glück. Aber es ist genau diese Art des Strebens und des Meisterns, die diejenigen Aspekte des kindlichen Gefühlslebens blockiert, die die einzige Basis für eine wirkliche Unabhängigkeit – die Autonomie – darstellen: seine lebendige Verbindung zu Freude, Trauer, Mut und Verzweiflung. Diese sind die Brücke zu seinen eigenen Wahrnehmungen. Das »unabhängige«, »erfolgreiche« Kind wird aber keine Zeit für sie haben, da sie beim kognitiven Meistern der Abstraktionen stören.

Die leistungsorientierte Kindererziehung zerstört auch die Art der mütterlichen Betreuung, die dem Kinde die Möglichkeit gibt, sich emotionell integriert zu entwickeln. Eine noch nicht lange zurückliegende Forschungsarbeit über mütterliche Fürsorge in bezug auf kognitive Leistungen (Wieder, 1972), zeigt klar, daß mütterliche Verhaltensweisen, die als »gut« betrachtet werden (das heißt: die nicht-strafende Manipulation, die beim Kleinkind zur frühen Beherrschung des Essens fester Speisen, des Selbstfütterns und der Reinlichkeitserziehung führt), eine positive Korrelation mit guten kognitiven Leistungen schon im achtzehnten und zweiundzwanzigsten Lebensmonat aufweisen. Dabei handelt es sich aber im Grunde um eine Art der Mütterlichkeit, die durch Belohnung manipuliert. Sie befriedigt lediglich den Ehrgeiz der Mütter und ist nicht Ausdruck der Freude über die Lebendigkeit ihrer Kinder. So wird Erfolg im kognitiven Bereich (zum Beispiel das Beherrschen mathematischer Techniken) gleichgestellt mit Fortschritten in der persönlich-menschlichen Entwicklung. Mit anderen Worten: Jene mütterlichen Verhaltensweisen, die dem Kind scheinbare Unabhängigkeit ermöglichen – und zugleich unverfälschte Autonomie verhindern –, produzieren hohe kognitive Leistungen!

Alice Miller (1979) hat mit Kraft und Mitgefühl diesen Werdegang der Unterdrückung des kindlichen Selbst um des Erfolgs willen beschrieben. Jedoch unterscheidet sie nicht zwischen Anpassung, die der Rebellion dient, und Anpassung, die zum Bösen führt. Das kommt wohl daher, daß sie wirkliches Leiden und Leiden, das dem Manöver gewidmet ist, nicht differenziert. In ihrem zweiten Buch (1980) sieht sie Hitler und Christiane F. als leidende Menschen. Jedoch gehören diese beiden nicht zu den Menschen, die aus Empfindsamkeit leiden. Im Gegenteil, sie gehören zum Typus der Pseudoaffektivität, wie Helene Deutsch (1934, 1942) ihn unter dem Titel ›Als ob‹ beschrieben hat, und ähneln den Psychopathen, die H. Cleckley (1964) erforscht hat. Das Böse therapeutisch wegzuerklären, reduziert Wirklichkeit.

Das ist jedoch nicht alles. Das Destruktivste an diesem Mechanismus ist nämlich, daß Kinder, die ständig einem Zwang ausgesetzt sind, der ohne offenkundige Strafen auskommt, unfähig sind, ihre eigene Wut gegenüber der »Manipulation durch Belohnung« zu erkennen. Sie verspüren eine tiefe Unzufriedenheit, deren Quelle ihnen aber verborgen bleibt. Diese moderne Psychologie bringt also Menschen hervor, die von einer ihnen selbst unbekannten Wut gesteuert werden. Streben nach Leistung, die Struktur ihres Seins, wird zum Ausdruck ihrer unerkannten Wut. Der Antrieb dieser Menschen ist das Zerstörerische, dessen Auswirkungen aber unter dem Deckmantel der Leistung verneint werden (können). Man braucht die eigene Motivation nicht anzuerkennen; denn die Abstraktion segmentiert das Blickfeld.

Henry T. Nash, ein amerikanischer Professor der politischen Wissenschaft (1980), selbst einmal wissenschaftlicher Mitarbeiter im Amerikanischen Verteidigungsministerium, beschreibt solche Menschen in der militärischen Abwehr. ». . . Menschen, deren Sprache und Benehmen ihre Gesellschaftlichkeit empfiehlt . . . Nichts in der Atmosphäre scheint unheimlich oder deutet Schuldbewußtsein an.« Aber unter dem Deckmantel einer Sprache, deren abstrakte Begriffe die Wirklichkeit segmentierte, konnten solche gütigen Menschen ». . . Pläne entwerfen, unermeßliche Zahlen von Menschen einzuäschern, ohne ein moralisches Übel zu fühlen«.

Wir »sehen« uns durch Vorstellungen, die unserer Wirklichkeit nicht entsprechen. Die wahre Aufgabe der heutigen Psychotherapie muß sein, die Dissoziation, die uns in den Abgrund führen kann, zu reduzieren. Der Mensch sucht sich in der Gruppe zu verstecken, um seine Wut und Destruktivität zu verleugnen. Er hat gelernt, sich ein gesellschaftliches Image zu beschaffen, aber in seiner Tiefe lauert die Rache für die Unterdrückung seiner Autonomie. Gelernt wurde im Grunde, oft völlig unbewußt, daß Ko-Existenz nicht möglich ist. Das ist eine Erfahrung, die den gesellschaftlichen Normen (der Ideologie des Pluralismus) widerspricht. »Einer von uns muß weichen«, das ist die erlebte Evidenz, wenn Autonomie getötet wird. Und der so Verletzte, wenn »angepaßt«, gebraucht das gesellschaftlich akzeptierte Streben und die Leistung, um seiner Rache Ausdruck zu geben. Schrecken muß heutzutage nicht mehr in der Gestalt eines Dschingis Khan oder eines Hitler vorkommen; Schrecken manifestiert sich in der Form der Güte, des Lächelns, des Fortschritts.

Hugo Ball (1919) schrieb einmal: »Das Wissen, wo es als höchstes Prinzip auftritt, tötet notwendig den Enthusiasmus, den Geist...« Albert Szent-Györgyi (1964) legte es mehr persönlich dar: »Ich verachte nicht das Wissen«, aber wir müssen »lernen zu lernen, unseren Appetit auf Erkenntnis zu wetzen, damit wir Freude haben können, eine Arbeit zu tun, die Erregung der Kreativität zu erspüren, zu lernen zu lieben, was wir gerade tun, und das herausfinden, was wir gerne tun würden.«

Es ist sicher kein Zufall, daß junge, überintellektuelle Patienten in der Psychotherapie ihre eigenen Befindlichkeiten oft nicht verbalisieren können. Ihre Talente wurden nämlich ausschließlich auf ein einziges Ziel hin gefördert: Für den Wettbewerb auf der »kognitiven Kampfbahn« möglichst gut gerüstet zu sein. Inzwischen ist es ihnen unmöglich geworden, einen Dialog mit sich selber zu führen.

Eine solche junge Patientin, die sich einer Psychoanalyse unterzog, erfuhr jedesmal intensives körperliches Zittern, wenn sie in einer Situation war, in der von ihr verlangt wurde, das Spiel von gegenseitiger Nettigkeit und dem daraus entstehenden gegenseitigen Gefühl eines tugendhaften Zusammenseins mitzuspielen. Das wurde zum Beispiel im Forschungslabor verlangt, in dem sie tätig war. Alle bestätigten dadurch das geltende Image netter, kooperativer Mitarbeiter. Es wurde der Patientin jedoch im Verlauf ihrer Therapie klar, daß sie widersprüchliche Wahrnehmungen erlebte, wie zum Beispiel die Verachtung der diese Gruppe dominierenden Person. Nicht nur wurden solche Wahrnehmungen von der Gruppe nicht geteilt, sondern der Mythos der Gemeinsamkeit brachte die Gruppe dazu, sich gegen jeden zu wenden, der diese Fiktion in Frage stellte. Die Schwierigkeit in der Therapie war, daß die Patientin nicht verbalisieren konnte, was sie so intensiv fühlte. Sie hatte keine verbalen »Werkzeuge«. Ihre Erziehung in der eigenen Familie war von Leitbildern geprägt, die Zusammengehörigkeit und ein Image der Gemeinsamkeit betonten; für Widersprüche, wie sie im wirklichen Leben vorkommen, war da kein Platz. Alles, was ihre Eltern für sie taten, geschah immer aus »gutgemeinter« Fürsorge.

Ihr Zittern war ein Teil ihres »Aussteigens«, in welchem das Gefühl zu versagen ein Aspekt ihres Kampfes war, sich aus dem falschen Leben zu befreien. Zugleich war sie unfähig, sich selbst zum Beispiel die Erfahrung einer Beleidigung eingestehen zu können. Der abstrakte Verhaltensmodus, dem sie noch verhaftet war, ließ so etwas nicht zu. Es war ihr Körper, der buchstäblich für sie sprechen mußte.

Im selben Sinne sind die Erfahrungen von Sylvia Ashton-Warner (1963), einer außergewöhnlichen Volksschullehrerin in Neuseeland, zu verstehen. In ihrer Arbeit mit Maori-Kindern, die nach den Wertvorstellungen unserer westlichen Kultur erzogen wurden, fand sie heraus, daß diese Kinder ihre inneren Ängste entweder verneinten oder nicht erkennen konnten. Diese Ängste äußerten sich in destruktivem Verhalten: »Ich habe keine Angst vor irgend etwas«, schrie einer ihrer Schüler. Auf ihre Frage, ob er vielleicht nicht doch ängstlich sei, fuhr er weiter: »Nein, ich ramme mein Messer in alles!« Als es ihr gelang, mit ihren Schülern Begriffe zu erarbeiten, mit denen sie Brücken zu ihren Ängsten schlagen konnten, gaben sie ihr destruktives Verhalten auf. In dem Maße, in dem sich ihr Zerstörungsdrang verminderte, wurde dieser durch Kreativität und positives Lernen ersetzt.

Das Interessante ist, daß sich *hier* die Aggression unmittelbar ausdrückt, wenn abstrakte Vorgänge den Zugang zur Gefühlswelt sperren. Erfolg und Leistung waren für diese Maori-Kinder noch nicht zum Sinn ihres Lebens geworden, deswegen die sichtbare Aggression. Aber dieselbe Sperre ist bei uns nachweisbar.

Ich las einmal ein Kapitel aus Henry Millers autobiographischem ›Schwarzem Frühling‹ in einem Psychotherapieseminar an der Rutgers Universität vor. Das Kapitel handelt von einem Familientreffen, als Miller etwa zwölf Jahre alt war. Essen, Alkohol und »Gemütlichkeit« flossen in Strömen. Doch unter der Oberfläche waren alle damit beschäftigt, sich gegenseitig das Messer in den Rücken zu jagen. Nur seine Tante Melia hatte Herz, aber sie war gerade dabei, den Verstand zu verlieren. Der Familienclan beauftragte Henry ausgerechnet an diesem Tag, sie in ein staatliches Irrenhaus zu bringen. Sie wollten sie loswerden, ohne dafür zahlen zu müssen. Und das, während alle »lustig und vergnügt« waren. Als Henry sich vor dem Kliniktor von ihr verabschiedete, weinte er. Sie hatte ihm immer vertraut. »Obwohl sie schwach im Kopf war, war sie immer gut zu mir. Die anderen waren intelligenter, aber ihre Herzen waren schlecht ... Als Melia am Tor stand, mit Augen, so rund und so glänzend, muß ihr Geist zurückgerast sein wie ein Expreßzug. Alles muß ihr auf einmal ins Gedächtnis gesprungen sein. Ihre Augen waren so groß und glänzend, als sähen sie mehr, als sie fassen konnten. Glänzend vor Entsetzen und unter dem Entsetzen eine grenzenlose Verwirrung. Das war's, was sie so glänzen ließ. Man muß verrückt sein, um Dinge so klarsichtig zu sehen, so alles auf einmal.« (Miller, 1973)

Ich forderte die Seminargruppe auf, aufzuschreiben, was ihrer Ansicht nach Millers Gefühle gewesen seien. Nur einer, ein junger Student aus Mexiko, schrieb über Millers Verzweiflung; die übrigen gaben mir soziologische Diagramme von Familienkonstellationen und ihren Wechselwirkungen ab. Niemand, außer diesem jungen Mann, konnte sich mit der Realität der Verzweiflung auseinandersetzen. Ich war fassungslos. Gab es denn überhaupt irgendeine Möglichkeit, Menschen etwas über sich selbst beizubringen, die dermaßen von sich selbst abgetrennt waren? Ich kam zur nächsten Vorlesung, entschlossen, ihnen meine Meinung zu sagen. »Oh«, sagten sie fast unisono, »Sie wollten, daß wir etwas *Einfaches* schreiben, über Gefühle!«

Ich erzählte das Henry Miller. Er lachte schallend über die Absurdität einer Erziehung, die Menschen vom Leben abtrennt, indem sie ausschließlich Abstraktion und »Kompliziertheit« belohnt. Diese jungen Leute wurden geschult, nicht mit Gefühl auf Erleben zu reagieren, sondern indem sie sich distanzieren. Abstraktion vermittelt das. Ihr Leben wurde durch die Fähigkeit, abstrakte Formeln virtuos manipulieren zu können, bestimmt. Diese Fähigkeit zur Abstraktion bestimmt dann den Erfolg. Und indem Erfolgreichsein zum Vorwand für Rücksichtslosigkeit wird, üben sie gesellschaftlich akzeptierte Aggression aus.

Der Schriftsteller David Harris, der als Opfer der Nach-McCarthy-Zeit im Gefängnis war, schreibt in seinem Buch ›Goliath‹ über jene »institutionalisierten Abstraktionen«, die Menschen hervorbringen, deren Handlungen keinerlei Zusammenhang mit ihren Bedürfnissen haben. Seine ehemalige Frau, die Sängerin Joan Baez, sagte, Harris hätte immer darauf bestanden, die Welt durch die Fenster seiner eigenen Seele zu betrachten. »Wenn unsere Handlung nicht ein unmittelbarer Prozeß des sich selbst Verwirklichens ist, (also wenn das Objekt und die Absicht einer Handlung nicht in der Handlung selber verwirklicht werden), ist eine direkte Beziehung zu unserem Selbst unmöglich.« (Harris, 1970) Solche Menschen widerspiegeln in dem, was sie für ihre eigenen Gefühle ansehen, lediglich das, was die Gesellschaft verlangt, daß sie fühlen sollen. »Soldaten machen Krieg in der Jagd auf Frieden . . . Die Absicht der Tat ist auf keinen Fall von der Tat selber getragen.«

Was übrig bleibt, ist eine Identität, welche nur wie eine Montage an einem Fließband zusammengesetzt werden kann, die nach den Regeln montiert wird, welche von den abstrakten Vorstellungen einer Gesellschaft verlangt werden. Wenn wir diese ablehnen, riskieren wir, ausgestoßen zu werden. Und wenn wir dadurch genügend geschwächt werden, riskieren wir unsere Existenz.

Der Druck der Abstraktionen, die uns prägen, ist gegen die Authentizität gerichtet. Abstraktionen als Umwelt, die unsere

Vision trübt, und als Prozeß, der die emotionelle Verantwortung dem Leben gegenüber beiseite schiebt, werden zum Feind des Lebens selbst. Unsere Intelligenz wird dann zu einer Kraft, welche die Realität in ein gefährliches, selbst-zerstörerisches Spiel umwandelt. Diejenigen, welche aus diesem Gefüge auszubrechen versuchen – indem sie sich nicht ergeben –, werden als unangepaßte und Versager eingeordnet. Schon im dreizehnten Jahrhundert schrieb ein unangepaßter Geist, Meister Eckhart, unter ähnlichen Zuständen wie heute: »Wenn ich in Paris predigte, sagte ich – und ich halte es als gut formuliert –, daß mit all ihrer Wissenschaft diese Leute in Paris nichts Göttliches in den niedrigsten der Kreaturen erkennen konnten – nicht einmal in einer Fliege!« (Blackney, 1941)

III
Die Entmenschlichung des Mannes und die Unterdrückung der Frau

Die Sucht nach Macht zerstört die Seele des Mannes. In seinem blinden Beharren darauf mindert er sich selbst und die Frau, die er dazu braucht, herab, um sein Image des Mächtigen zu bestätigen. Es ist dieses Image, das – bewußt oder unbewußt – zum Sinn seines Seins geworden ist. Echte Liebe kann nicht entstehen, da niemand da herausgefordert werden möchte, wo er sensibel ist. Nur das, was jenes Image bestätigt, wird zum Annehmbaren innerhalb einer menschlichen Beziehung. Das Selbst, das einem jeden möglich gewesen wäre, wird gehaßt, weil es auch das Erleben der Hilflosigkeit und des Leidens umfaßt. Echte Verpflichtung, echtes Erkennen des anderen und sich selber werden vermieden. Wir leben Scharaden, und wenn diese nicht funktionieren, werden wir wütend und töten.

Wir sind dauernd auf der Suche nach Helden. Und wenn der, den wir zu unserem Helden (oder unserer Heldin) gemacht haben, zum realen Menschen wird, verlassen wir ihn (oder sie). Wir verachten ihn fortan. Dabei merken wir gar nicht, daß wir uns, der Logik unseres Verfahrens nach, durch den »Verlust« geschwächt fühlen – dem Tode nahe. Die hintergründige Depressivität und Verzweiflung in unserer vordergründig so strahlenden Kultur sind untrügliche Anzeichen dafür.

Als Männer verherrlichen wir die gefällige und zuvorkommende Frau, ohne je zu begreifen, daß der Preis, den wir dafür zahlen müssen, eine unvermeidliche Enttäuschung und Kränkung ist. Männer wünschen sich Wärme von Frauen, fürchten sich aber gleichzeitig davor. Also begnügen sie sich mit einer Fälschung: *Sie lassen sich zur Größe antreiben.* Anstelle warmer Geborgenheit und offener Mitmenschlichkeit wird die Beziehung zur Frau zum Nährboden, auf dem permanent gesteigertes Selbstbewußtsein, unendliche Größenphantasien und geheime Überlegenheitsansprüche gedeihen. Das Komplott dieser unterschwellig gefälschten Liebe vermindert die Angst vor der wahren Liebe. Wir brauchen dann nicht zu fürchten, von unserem Bedürfnis nach Liebe gefangen zu werden. Die Frauen werden ebenfalls in dieses Spiel eingefangen und machen mit.

Ich denke an Alma Schindler (Mahler), die sich durch Gustav Mahler, Walter Gropius, Oskar Kokoschka und Franz Werfel verwirklichen wollte. Das Tragische war, daß sie dessen gar nicht bedurft hätte, da sie genug eigene Kraft besaß.

Es ist das Image der Stärke, der Entschlossenheit, der Macht und Furchtlosigkeit, des Wissens und der Kontrolle, ein Image ohne Angstgefühle oder Schuldbewußtsein, in dem ein Mann seine »Persönlichkeit« findet. Nur durch die Entwicklung dieses Image kann er sich selbst erspüren. Nicht was er wirklich fühlt oder fühlen könnte, wird entscheidend für ihn, sondern ein Image – also eine Abstraktion, eine Metaphysik des Heldentums –, in dessen System und Logik er sich bewegt und fühlt. Es ist dieses Denken, das letztlich dem Vermeiden der Wirklichkeit gewidmet ist und uns lenkt.

Wie sieht nun diese Wirklichkeit aus? Eine Gefühlswelt, die durchsetzt ist mit Erfahrungen der Unzulänglichkeit, Hilflosigkeit, des Leids, der Verzweiflung und der Angst vor dem Versagen. Eine Welt, in der Gefühle der Ohnmacht und der Wut ständig auf Unverwundbarkeit und Unanfechtbarkeit ausgerichtet sein müssen. Nicht alle von uns, und nicht alle, die solche Gefühle zulassen, werden in ihrem Verhalten davon bestimmt. Aber: Was geschieht, wenn wir (wohl die Mehrheit) zulassen können, wie leicht wir uns verachtet und beleidigt fühlen können!

Natürlich besteht die Wirklichkeit der wahren Gefühlswelt auch aus anderen Erlebnisinhalten: Freude, Ekstase, Mut und Trauer. Aber ich rede nicht von der Freude, die sich einstellt, wenn man einen anderen überrundet hat, oder der Ekstase, die ein erfolgreicher Wettbewerb auslösen kann; also all jene Erlebnisse, die schon selber einer *»aufgesetzten«* Realität entspringen: die Notwendigkeit, erfolgreich zu sein, um dem Versagen zu *entkommen.* Ich spreche von der Freude, die auf Mitgefühl beruht: die Freude an der Entwicklung, des Wachsens eines anderen, sogar einer Pflanze; das Miterleben von Freude und Leid. Und: Es ist diese Art des Erlebens, die zu der Kraft führt, die *nicht* auf ständige Selbstbestätigung angewiesen ist. Diese ist ja nur das Spiegelbild der Furcht, ein Versager zu sein! Gegen diese Möglichkeit kämpft man und merkt gar nicht, daß man mit dieser Art Kraft in ständiger Gefahr ist, sie das nächste Mal zu verlieren. Hingegen die Kraft, die aus dem Erleben des Leids, des Kummers, der Hilflosigkeit, des Krankseins, des bitteren Schmerzes kommt, diese Kraft hat mit jenem transzendenten Erleben zu tun, das zur *inneren* Stärke führt. Diese Kraft ist nicht bedingt durch äußere Macht und deren ständige Bestätigung.

Es ist also der Zwang zum Macht-Image, der uns immer wieder vom Erleben der wahren Wirklichkeit abhält – mit allen verheerenden Konsequenzen! Dieser Zwang führt zu einem irrationalen Leitbild des »wirklichen« Mannes und der »richtigen« Frau, das uns nicht nur immer mehr von unseren echten Möglichkeiten trennt, sondern uns letztlich auch in die Selbst-Zerstörung stürzt.

Bei den Ituri im Regenwald des Kongo (Turnbull, 1961) gibt es keine solchen metaphysischen Modelle des Seins. Sie sind sich derer zwar bewußt, aber verulken sie. Dadurch gibt es keine Unterschiede in der Empfindsamkeit zwischen den Geschlechtern. Zärtlichkeit, Freude, Kummer, jegliche Leidenschaft werden gleichermaßen geteilt und ausgedrückt. Und da sich Männer hier nicht mit metaphysischen Begriffen ihrer »Männlichkeit« sichern und vergleichen müssen, wie es der englische Anthropologe Geoffrey Gorer (1966) beobachtete, scheint es bei ihnen keine Homosexualität zu geben, die bei uns ständig latent vorhanden ist: Jeder Mann verdächtigt sich selbst und muß sich beweisen, daß er es nicht ist – ein Beweis für die allgegenwärtigen Zweifel an unserer Zulänglichkeit als Männer. Wenn Männlichkeit zarte Gefühle verbietet, muß man die eigene Sehnsucht danach von sich abweisen. Indem sie auf einen anderen Menschen projiziert wird, kann man sie nun verneinen und auch im anderen bekämpfen.

So entscheidet jene Metaphysik unser Leben, unsere Beziehungen, unsere Gewalttätigkeit und am Ende unseren sich daraus ableitenden Drang zur Selbst-Zerstörung. Dieser muß sich entwickeln, denn das oft unbewußte Gefühl der Ohnmacht, das aus den Verzerrungen echter menschlicher Möglichkeiten in uns entsteht, erzeugt Wut. Wut, von deren Ursprung wir nichts wissen, kehrt sich unweigerlich gegen uns selbst oder den anderen – als Spiegelbild unseres Selbst.

Leider werden diejenigen zu unseren Führern, die die Idealvorstellungen, die wir uns von Männlichkeit machen, am besten verkörpern. Viele Frauen unterliegen ebenfalls dieser Faszination und zwingen dadurch ihre männlichen Partner, an jenen »Idealen« festzuhalten. Beide fürchten das Innere und strafen diejenigen mit Verachtung, die nach der Wahrheit suchen. Ein unter Umständen tödliches Verhängnis: Der Männlichkeitswahn – oft unterstützt von Frauen – produziert Kriege und erbarmungslosen Konkurrenzkampf, wobei der Herzinfarkt nur *eine* Form der Selbstvernichtung ist.

Männer sind in einem Dilemma. Sie fürchten die Frau, die ihnen doch so wichtig für ihre eigene Selbstbestätigung ist. Wir bedürfen der Illusion, eine Frau zu besitzen, um unsere Einmaligkeit zu beweisen, um unsere Überlegenheit anderen Männern gegenüber zu bestätigen. Und doch geben wir Frauen insgeheim der Verachtung preis, um zu verbergen, wie wir ihren Wert mißbrauchen und um untereinander zu triumphieren. Diese Verachtung wird oft zum Zement der Beziehung zwischen Männern. Gemeinsam halten wir die Frau für unterlegen. Und doch wollen wir unter allen Umständen von ihr akzeptiert werden – und das als völlig fehlerlose Helden.

Wie kann es aber unter solchen Umständen wahre Intimität geben? Ihre Basis ist die Ebenbürtigkeit. Wie können wir sie erreichen, wenn wir uns *an jedem Punkt unserer Begegnung*, in der Tiefe unseres Seins, ungenügend, überlegen und/oder schuldig fühlen? *Ungenügend*, weil wir zuinnerst gar nicht wirklich an unseren Mythos glauben; *überlegen*, weil wir uns mit unserem Mythos betrügen wollen; und *schuldig*, weil unsere faktische Verachtung der Frau unsere Abhängigkeit von ihrer Anerkennung und Bewunderung leugnet und unsere Überheblichkeit genau das verdeckt. Aber das ganze Elend des männlichen Zwangs zum Triumph wird in bestimmten Phantasien dieser Männer beim Liebesakt deutlich. Diese Phantasien sind oft völlig a-personal, aggressiv und reduzieren die Frau zum beliebigen, passiven Objekt. Warum können viele Männer Sex nur mit einer Frau genießen, die ihre Sexualität verkauft oder mit der ihnen eine Huren-Phantasie möglich ist? Indem Männer Frauen verachten, können sie sich der echten Intimität mit ihnen entziehen, die sie ja fürchten, da sie an ihrer eigenen Zulänglichkeit zweifeln und selber nicht glauben, daß man sie kritiklos akzeptieren könnte. Es scheint mir, daß wir Männer aggressive sexuelle Phantasien brauchen, um uns über unsere Gefühle der Unzulänglichkeit hinwegzuhelfen.

Zwang zur Leistung ist das Kreuz des Mannes. Dadurch entsteht sein unersättliches Bedürfnis nach Lob und Beifall, was wiederum die stets gegenwärtige Angst vor dem Versagen beim nächsten Leistungsanspruch mit sich bringt. In ›The Way Of All Flesh‹ (Der Weg allen Fleisches) versucht Samuel Butler, der englische Schriftsteller und Satiriker des letzten Jahrhunderts, uns das klarzumachen, wenn er Edwards Vater sagen läßt: »Wir dürfen Männer nicht so sehr nach dem beurteilen, was sie tun, als nach dem, was sie uns fühlen lassen, was sie in sich haben ... Ich will einen Mann nicht nach dem einschätzen, was er tatsächlich auf seine Leinwand gemalt hat, noch nach dem, was er sozusagen auf der Leinwand seines Lebens dargestellt hat, sondern nach dem, was er mich hat spüren lassen, was er gefühlt und worauf er gezielt hat.« (Butler, 1950) In seinem Essay zum 100. Todestag Goethes drückte es Ortéga y Gasset etwas anders aus: »Das Leben ist seinem inneren Wesen nach ein ständiger Schiffbruch. Aber schiffbrüchig sein heißt nicht ertrinken ... Das Gefühl des Schiffbruchs, da es die Wahrheit des Lebens ist, bedeutet schon die Rettung. Darum glaube ich einzig an die Gedanken Scheiternder.« (Ortéga y Gasset, 1934)

Leider zählt innerhalb unseres konventionellen Werte- und Normensystems nicht, wer wir in unseren Gefühlen sind, sondern lediglich das, was wir auf »erfolgreichen« Laufbahnen erreichen. Danach werden wir gemessen; danach beurteilen wir uns auch selbst. Erfolg ist der Maßstab, an dem der Mann gemessen wird, nicht seine Fähigkeit zu lachen, zu spielen oder zärtlich zu sein. Aber dieser Erfolg gründet letztlich auf dem Versagen eines anderen. Diese Lektion fängt im Elternhaus an, wird in der Schule verstärkt, so daß wir dann mit dem Erwachsensein von einem internalisierten Alptraum gezeichnet sind: Um in unserer Kultur erfolgreich zu sein, mußt du lernen, vom Versagen zu träumen. Der amerikanische Soziologe Jules Henry dokumentiert diesen Vorgang mit Schärfe und Schmerz in seinem Buch ›Culture Against Man‹ (Die Kultur gegen den Menschen, 1963).

Das trifft Frauen und Männer gleichermaßen, aber mit einem

Unterschied. In unserer Kultur haben die meisten Männer keine Chance, der Notwendigkeit zu entweichen, ein Sein aufzubauen, das nicht von der Metaphysik des Erfolgs und der Leistung bestimmt wird. Und da sie uns zu einem scheinbar adäquaten Gefühlsbereich verhilft, wird sie zu unserem Bedürfnis. Für Frauen jedoch bietet sich eine andere Möglichkeit in ihrer Entwicklung. Indem es fast von Geburt an zum zentralen Thema für sie werden kann, ein *potentieller Träger des Lebens zu sein,* kann dieses *reale* Ziel der Entstehung eines Lebewesens – und damit der Möglichkeit, es offen zu genießen, an seinen Schmerzen, Leiden, Freuden und Ekstasen teilzunehmen – zum zentralen Punkt des eigenen Leitbildes werden. Auf diesem Weg können Gefühle, die mit realem Leben verbunden sind, zu einem Sinn des eigenen Seins beitragen, der nicht auf Abstraktionen beruht.

Die meisten von uns Männern jedoch bauen, da wir nicht die Gnade einer vergleichbaren Determination fürs Leben und die Lebendigkeit haben, einen Lebenssinn auf, dessen Wege uns von der Freude, der Erwartung von Schmerz und Ekstase in der Erzeugung eines Lebens trennen.

Diese Wege führen auch dazu, daß wir unsere Ängste nicht zulassen können. Im Gegensatz zur Frau, die bei den Ängsten und Verzweiflungen ihres Kindes verweilen darf, wird für uns das Herrschen zum Mittel, die Angst zu verdrängen. Dadurch sind wir aber einer Angst vor der Angst ausgesetzt, die uns nie die Gelegenheit gibt, zu erfahren, daß die Ängste, die man auf sich zukommen läßt, hingenommen werden können und nicht als bedrohliche Niederlage zu fürchten sind. Die Angst vor der Hilflosigkeit bedeutet dann nie, daß man in einer *gewissen* Situation einfach hilflos ist. Hilflosigkeit ist nicht einfach gleichzusetzen mit völliger Ohnmacht und Versagen. Hilflosigkeit bedeutet die Anerkennung der Grenzen unseres Einflusses, die Fähigkeit, es zu ertragen, auf jemanden oder auf etwas angewiesen zu sein.

Verhindert wird diese Erfahrung aber deswegen, weil uns eingeprägt wurde, jede Hilflosigkeit als Schwäche zu brandmarken. Wir lernen jede Form der Hilflosigkeit als Herausforderung zu betrachten, die zur Schwächung des eigenen Selbst führen könnte. Auf diese Weise kann man den anderen nicht als

Ebenbürtigen erkennen. Der alte Cato, der uns in der Schule als Beispiel eines moralischen und pflichtbewußten Bürgers Roms überliefert wurde, illustriert den Irrsinn eines Herrschens, das die Angst verstärkt und wahre Beziehungen zwischen Frau und Mann und zwischen Männern unmöglich macht. Im zweiten Jahrhundert vor Christus rief er alle Männer auf, Frauen zu unterdrücken, denn: »... sobald sie die gleiche Möglichkeit haben, erweisen sie sich als überlegen.« (Zitiert in: Fester, 1979)

Der Preis für ein Leben mit dieser Gewaltsamkeit ist ein ständig nagender Zweifel, weil man etwas in seinem Innersten als Fiktion beargwöhnt. Es ist die Fiktion der Überlegenheit, eine Lüge, die allen unseren Beziehungen Gewalt antut, sei es zu Kindern, Frauen, Tieren, zur Natur oder zu uns selbst. Männer *und* Frauen leben im Bann dieser Fiktion. Und da sie Haß in beiden entzündet, zerstören sie sich gegenseitig. Männer werden reizbar, zornig und bösartig, weil sie ständige Angstträume von Niederlagen haben; Frauen zerstören ihn und sich selbst, indem sie den Mann an seinem Anspruch auf Heldentum festmachen.

Unter der Oberfläche tobt heimlich gegenseitige Verachtung, weil jeder Mann und jede Frau in ihrem Innersten wissen, daß es keinen Mann gibt, der nicht auch etwas von der Hilflosigkeit verspürt, die seinen Mythos widerlegt. Vielleicht ist das auch der Grund, warum so viele sich in ihrer gegenseitigen Verachtung eigenartig wohlfühlen. Sie entspricht ihren eigenen wahren Gefühlen sich selbst gegenüber.

Um was geht es uns Männern eigentlich? Wie bewußt und wirklich sind wir? Fühlen wir uns nur vollkommen, wenn wir Kommando, Kontrolle und Besitz haben? Wenn wir für jemanden sorgen und bezahlen, gibt uns das die Zuversicht, daß wir geliebt werden. Zugleich bedeutet diese Fürsorge, daß wir über den anderen bestimmen. Indem er unsere Macht bestätigt, legt er auch unser tiefstes Minderwertigkeitsgefühl bloß. Denn: Man wird geliebt für das, was man beweisen kann, für die Fürsorge – nicht für das, was man als Mensch ist. Es fällt uns schwer zu glauben, daß wir für unser Selbst, unsere eigene Gefühlswelt geliebt werden könnten, für unsere Wonne, Freude und Lust am Leben. Und so rutschen wir immer tiefer in eine Falle des Sich-beweisen-Müssens hinein. Die Fürsorge ist dann ein unausgesprochenes Abkommen, dem wir uns unterwerfen und dessen Preis ein geheimes Übelnehmen, ein Groll ist. Aber der Mechanismus der Falle verbietet es, die Sache beim Namen zu nennen. Das ganze Spiel würde damit preisgegeben.

Und so geschieht es, daß die Partner eines solchen Verhältnisses den unterdrückten Groll durch Erhöhung ihrer Forderung ausdrücken. Die, die sich dem anderen unterwerfen, weil er (oder sie) für sie sorgt, erhöhen ihren Einsatz. Das ist ihre geheime Macht. Und derjenige, der die Fürsorge leistet, erhöht seine geheime Verachtung. Er hat ja den anderen in seiner Hand. Der Trick ist, zu wissen, wie dieses Spiel zu spielen ist, ohne das ganze Gefüge zu gefährden. Wenn man aber seinen Willen durch solche Manöver nicht durchzusetzen vermag, dann stellt sich Wut ein. Und da man diese auch nicht direkt ausdrücken kann, weil es das gegenseitige In-der-Macht-des-anderen-Stehen sichtbar machen würde und jenes untergründige Spiel illusionärer Liebe zerstören würde, entwickelt man psychosomatische Störungen. So setzt sich zum Beispiel uneingestandene Wut in Kopfschmerz oder Migräne um. Das ist einer der Gründe, warum psychosomatische Störungen in unserer Gesellschaft zunehmen.

Und hier, im Kopfschmerz und in der Migräne, zeigt sich die tiefste Malaise der männlichen Ideen seiner Überlegenheit und der Notwendigkeit des Herrschens. *Die daraus abgeleitete Formulierung des Selbst funktioniert nicht, und da man sich dies nicht eingestehen darf, kann der Mann sich und seine Welt nur zerstören.* Er fürchtet, daß sich sonst alles auflösen würde. Und es stimmt insofern, als die »Gefahr« der Vernichtung, der Auflösung unserer Persönlichkeit dann droht, wenn sie vorzugsweise auf Umgang mit Macht gegründet ist. Man fürchtet den Zusammenbruch des gegenseitigen Pakts, der Gefühlsmasche »wer *über* wen Sorge trägt« und die Bloßstellung der darin enthaltenen beiderseitigen Selbsterniedrigung. Das gilt nicht nur in bezug auf Mann, Frau und Kind. Dies gilt für alle Beziehungen, denen Macht zugrunde liegt. Die Basis der darin enthaltenen Selbstachtung ist verzerrt. Wird das erkannt, so droht Auflösung, Chaos und ungeheure Angst. Eine Selbstachtung, die auf Macht basiert, hat im Grunde dafür nicht die Stärke. Die

Quelle der Heuchelei, die uns zerstört, ist also in der Entwicklung unseres Selbst zu finden.

Wir haben Angst, neu anzufangen, uns zu ändern, weil wir nicht glauben, es könne uns jemand lieben, wenn wir *wir selbst* sind. Und so spielen wir die uns zerstörenden Spiele weiter und behaupten, daß jene die guten Lehrer sind – Psychotherapeuten eingeschlossen –, die uns beibringen, wie man es noch besser spielen kann. Wenn wir offen, aufrichtig und authentisch sein könnten – Psychotherapeuten eingeschlossen –, bräuchten wir zum Beispiel keine Kopfschmerzen zu haben.

Unser wahres Selbst, dasjenige, das wir hätten sein können, wird vom Szenarium der Macht verdeckt. Wir wurden in ihre Ausprägungen gepreßt, weil keiner uns in unserer Echtheit mochte. Kinder im ersten und manchmal bis zum zweiten Jahr erkennen noch die Wahrheit in ihrer nicht-verbalisierten Verzweiflung. Ich nenne es »nicht-verbalisiert«, weil die Erwachsenen sie nicht als solche erkennen, sie als Übellaunigkeit und Trotz verstehen. Es ist jener Widerstand, den sie in sich selbst vor langer Zeit hatten abtöten müssen, den sie jetzt bei ihren Kindern als Widerstand empfinden. Das ist das allgemeine Beispiel für Projektion in unserer Gesellschaft, die Projektion der Feindseligkeit und Aggression auf unsere Kinder.

Das Unglückselige daran ist, daß unabhängig von den Absichten unseres Herzens wir durch die Ideologie solcher verstümmelten Selbsts, das heißt der vorprogrammierten Arten des Liebens, die nicht Liebe sind, leben. Es gibt aber auch Menschen, die gleichsam ein Spiel im Spiel des Liebend-Seins spielen. Sie sind die wahrhaft bösen. Sie verbergen ihre Handlungen hinter Lügen und lavieren sich auf diese Weise durch. Da wir oft selbst durch unser Mitmachen darin involviert sind, können wir es uns meist nicht leisten, die Situation zu durchschauen. Darauf beruht der Erfolg von Psychopathen in unserer Zivilisation. Sie als das zu erkennen, was sie sind, würde uns zwingen, uns mit dem zu konfrontieren, was sie parodieren: falsche Liebe. So leiten wir dann unsere Wut um auf jene, die wirklich versuchen, uns aus unserer Unwirklichkeit herauszuhelfen.

Dieser Verrat an dem, was wir sein könnten, ist die Grundlage unserer allgemeinen vernichtenden Kräfte. Er wird durch die Beziehung zu unseren Müttern bestimmt. Das zu sagen heißt nicht, die Mütter anklagen. Sie dienen in dieser Hinsicht nur als Bindeglied zu den Vätern und der Gesellschaft, in der das »Selbst als Ausdruck von Macht«, als einzig lohnende Realität, Geltung hat. Diese »Realität« bestimmt das Bedürfnis der Mütter, des Kindes Abhängigkeit auszunützen. Die Unterdrückung der Frau führt dazu, daß insbesondere dann, wenn sie selbst von dieser Ideologie beherrscht ist, sie Erleichterung und Ersatz für die Enttäuschung und das Defizit an Selbstverwirklichung in ihrer Beziehung zu ihren Kindern suchen wird.[14] Sie mag dann selbst Macht *in extenso* über und durch ihr Kind suchen, aber es geschieht auf Wegen, die diese dominierende Absicht verbergen. Sie wird ihr Kind »lieben«, weil es sich als Werkzeug ihres eigenen Macht-Willens gebrauchen läßt. Was daraus entsteht, wird durch den »Mythos« des Ödipus verherrlicht und verborgen. Verherrlicht, weil des Kindes Verzweiflung als Liebe besungen wird; verborgen, weil es in Wahrheit um Macht und nicht um Liebe geht.

Es ist weder Liebe noch Sexualität im engeren Sinn, was ein Kleinkind versuchen läßt, seine Mutter zu besitzen. Es ist vielmehr ihre – oft unbewußte – Ablehnung seiner eigenen Authentizität. Das Verlangen, das Kind als Werkzeug mütterlicher Macht zu gebrauchen, bewegt das Kind dazu, sich an die Mutter zu klammern, sie zu besänftigen oder zu beherrschen oder ihr zu dienen.

Die tiefste Verletzung, die einer Mutter in unserer Gesellschaft angetan wird, ist nicht nur ihre Unterdrückung, sondern ihre Anpassung an den männlichen Mythos seiner Überlegenheit und die Annahme ihrer eigenen Wertlosigkeit. Insoweit die heutige Frauenbewegung Gleichberechtigung als Recht versteht, genauso schlimm zu sein wie die schlechtesten der Männer, verewigt sie des Mannes Herrschaft in neuen Formen. Noch schlimmer: Solche Frauen werden, indem sie die Kraft ihrer eigenen kreativ wirkenden Liebe verneinen, weiterhin Frauen und Männer erziehen, die ihrerseits ihre eigene wahre Stärke zurückweisen und sich für rücksichtslose Entfaltung ihrer Macht entscheiden werden. Das ist es, was Ödipus wirklich verkörpert: die ursprüngliche Verletzung, die sich zum Streben nach Dominanz verwandelt.

Menschen, die uns als »neurotisch« dargestellt werden, sind einfach immer noch relativ zurückhaltend in ihrer Machtgier. Entweder macht sie ihnen Angst, oder sie halten sie für falsch. Was oft als das »Durcharbeiten« eines Ödipus-Komplexes in Psychotherapie oder Psychoanalyse gilt, ist die »Befreiung« von Skrupeln, das Verstärken von Ehrgeiz, Wettbewerb und Macht. Die tiefen Verletzungen, die zu Gefühlen unakzeptabler Hilflosigkeit und Ängsten führten, können in einer Therapie, die der Ideologie der Herrschaft und der Macht verhaftet ist, nicht wirklich berührt werden. Aber nur solch eine Konfrontation führt zur verlorenen oder gefürchteten Menschlichkeit zurück. Das ist aber nicht möglich, solange dem Therapeuten seine eigenen Ohnmachtsgefühle – dem männlichen Mythos zuliebe – unerkannt bleiben, und es wird ihm unmöglich sein, den Patienten zu seinem eigenen Selbst zurückzuführen.

Die Angst vor der Lebendigkeit

Aber diese »Ödipus«-Situation verursacht noch einiges mehr. Indem sie Ausdruck des Besitzes und nicht der Liebe ist, erzeugt sie einen fundamentalen Betrug. Wieder ist es das männliche Begriffsschema des Besitzes als Macht, das darin zum Tragen kommt. Wird Besitzergreifen mit Liebe gleichgestellt, so wird der Frau die »Macht« gegeben, diese »Liebe« dem Mann zu schenken. Ein vielleicht überraschender Aspekt! Aber was verleiht der Mann eigentlich der Frau, indem er sie verherrlicht? Ist es nicht die Lebendigkeit und der kreative Lebensdrang, die er von sich selbst wegweist, weil er sie im Grunde fürchtet? Männer denken über sich selbst logisch, geordnet, ohne zu bemerken, daß solche Begriffe ihre Spontaneität erdrücken, vor der sie sich fürchten. Das Leben ist nicht logisch und nicht ordnungsgemäß. Das was lebendig ist, ist chaotisch. Das beunruhigt vor allem jene Männer, welche Chaos mit Hilflosigkeit gleichstellen. Und so haben wir die Fiktion des Penisneids, um nicht bemerken zu müssen, daß wir etwas von den Frauen wollen, nämlich jene Vagina zu beherrschen, die uns so lebendig erscheint, so strotzend von Lebenskraft. Dieser Neid ist eine uns selbst dienende Erfindung. Sie tarnt *unseren* Neid auf etwas, das sich uns entzogen hat und von dem wir glauben, daß Frauen es besitzen: Lebendigkeit und Kreativität. Und so müssen wir die Frauen besitzen, denen wir diese Kräfte *verleihen,* weil wir sie uns selber nicht zugestehen können.

Es gibt natürlich Frauen, die das, was sie sein könnten, verraten haben, indem sie die männliche Propaganda seiner Überlegenheit übernehmen. Es sind Frauen, die so tun, als ob sie jene Macht nötig hätten, die die Männer allein für sich beanspruchen. Und solche Frauen sind bereit, alles zu tun, um dieser »magischen Stärke« durch ihre Sexualität habhaft zu werden. Nur hier, in diesem Zusammenhang, gewinnt der Penisneid Bedeutung. Aber von dem Moment an, in welchem diese Frauen ihren Mann besitzen, erleben sie ihn als erniedrigt. Da sie mit der Überlegenheit des Mannes zugleich seine Verachtung für Frauen erworben haben, können sie im Grunde nur sich selbst verachten. Dadurch wird alles, was sie besitzen, durch ihren eigenen Mangel an Selbstrespekt zwiespältig und kontaminiert.

In diesem Sinne gibt es Frauen mit Penisneid. Ihr Verlangen ist auf das gerichtet, was angeblich nur wir Männer besitzen: Macht. Freud machte aus diesem Phänomen eine treibende Lebenskraft. Er verwechselte den Phänotypus dieser Erscheinung mit dem Genotypus. Dadurch charakterisierte er Frauen mit einer Triebkonstellation, die eigentlich nur Ausdruck männlicher Mythologie ist. Gleichzeitig verschleierte er einen anderen Zusammenhang: Männer haben um so eher die Tendenz, ihren Penis überzubewerten, als sich ihnen die Kreativität des Lebens entzieht.

Dem gegenüber hat es in der Geschichte durchaus Männer gegeben, die intime Kenntnis vom Leben hatten, seiner Schönheit, seiner Herrlichkeiten, sei es die aufgehende Sonne, ein Wasserfall oder das Glucksen eines Säuglings. Und es gibt Gesellschaften wie die Ituri (Turnbull, 1961) im Regenwald des Kongo oder die Yequanas im Dschungel Venezuelas, in denen Männer heile Menschen sind.[15] Wir aber sind es nicht.

Es fängt an mit der Angst, der Angst vor der Hilflosigkeit. Eine Angst, so groß, daß wir die Hilflosigkeit meiden, die den Beginn unseres Menschseins charakterisiert, anstatt sie anzunehmen und sie in unser Erleben zu integrieren. Mit der Ablehnung dieser fundamentalen menschlichen Eigenschaft verblaßt für viele Männer das Leben zu einer Farce.

Warum hassen die Männer ihre Hilflosigkeit so sehr? Und warum hassen manche Frauen, häufig jene, die als besonders attraktiv und erfolgreich gepriesen werden, hilflose Männer? Hilflosigkeit ist gefürchtet, weil sie oft zur Vorbedingung unserer Unterjochung wurde. Wenn Eltern die Hilflosigkeit ihrer Kinder ausnützen, um sie zu Objekten zu machen, durch die sie ihre eigene »Selbstachtung« erhalten, wird Hilflosigkeit zu unserem Feind. Es ist also nicht die Hilflosigkeit an sich, sondern ihr instrumenteller Charakter, der Kontext unserer Erfahrung von ihr, der uns Hilflosigkeit so gefährlich, so unannehmbar macht.

Wenn das Kind nie zu fühlen bekommt, daß es um seiner selbst willen geachtet und geliebt wird, wird aus der Hilflosigkeit, mit der es auf allen seinen Entwicklungsstufen konfrontiert ist, eine unaufhaltsame Angst. Die Winzigkeit des Kindes, seine Machtlosigkeit, seine Bedeutungslosigkeit – außer als Objekt anderen Menschen Bedeutung zu geben –, kurz: seine Minderwertigkeit, machen es unmöglich, sein eigenes Selbst zu finden. Unter solchen Umständen kann ein Kind nicht an sich selbst festhalten, da es dem Chaos ausgesetzt ist, dem überflutenden Einströmen von ungeordneten Sinnesempfindungen: eine unmögliche Hilflosigkeit.

Seine seelische Integration wird dann entweder auseinanderfallen, oder es wird seine Kohäsion durch die von den Eltern gebotene Struktur finden. Deswegen wird Hilflosigkeit mit dem Verlust des Selbst gleichgesetzt. Der klassische Weg aus dieser Verzweiflung ist der von der Gesellschaft offerierte: Macht. Macht über andere. Das Kind erspürt in den Umgangsformen der Eltern, wie diese sich gegenseitig ausbeuten. Empathisch erkennt es ihre Verzweiflung und ihre scheinbaren Triumphe durch das einander Demütigen und Heruntersetzen. Macht, so die unausgesprochene Verheißung, ist das Heilmittel in seiner Situation.

Das Kind spürt genau, wo Eltern seine Hilflosigkeit ausnützen und sie erhalten, um ihren Selbstwert zu etablieren. Und indem es nun seine eigenen Reaktionen unterdrückt – sie sind ja eine Gefährdung –, wird die »Harmonie« mit den Eltern hergestellt. Es beginnt zu glauben, daß die elterliche Welt und wie die Eltern ihm begegnen, das Beste für es sei. Das kindliche Leiden wird verneint, und allmählich verlernt das Kind, auf sein Inneres zu hören. Aber die durch das Zerstören seiner Autonomie hervorgerufene Wut wird selbst zum zerstörerischen Trieb, der sein Verlangen nach Macht nun weiter fördert. Bleiben solche Vorgänge ungemildert, zum Beispiel durch Menschlichkeit, lernen Kinder bald, daß der Schmerz selbst ein wirkungsvolles Mittel zur Herrschaft ist. Sie haben gelernt, daß es ihr Gemüt ändern kann, und so fangen sie an anzunehmen, daß alle und alles auf diesem Weg bezwungen werden könnte. Auf diesem Weg – durch kindliche Phantasien, in denen die Quellen der Taten machtvoller erwachsener Männer zu suchen sind – werden die Themen unserer »Geschichte« erzeugt.

Männer sind mehr geschädigt

Noch etwas wird hier ausgebrütet. Unter den Bedingungen einer Kultur, die Macht als Leitprinzip des Selbst fördert, lernen Kinder so zu tun, als ob sie verletzt wurden, um jene zu manipulieren, die einem wirklich weh taten. Solche Kinder erlernen die Heuchelei der Macht-Welt schnell: Wirkliches Leid, das sich in Depression und in Formen des Sichzurückziehens ausdrückt, irritiert die Erwachsenen. Dagegen bewirkt ein trügerisches Manöver, wie tränennasse Augen, eher Großzügigkeit und erfüllt Erwachsene mit Machtgefühlen. Über dem augenscheinlichen Erfolg solcher kindlicher Manipulationen darf nicht vergessen werden, was für eine Quelle der Verachtung das darstellt! So verewigt sich Falschheit. Der Verrat am Selbst führt dazu, die Welt mit Lügen zu manipulieren.

Unter diesen Bedingungen unserer Entwicklung ist es für Männer und Frauen schwierig, ihre Hilflosigkeit als eine Vorbedingung zu akzeptieren, sich selbst hören zu können. Jedoch ist der Druck auf Männer, sich der Ideologie der Macht zu fügen, stärker. Ihre Metaphysik des Selbst zerstört ihre eigene Menschlichkeit. Wie schon beschrieben, haben Frauen oft mehr Möglichkeiten, ihren Sinn des Lebens außerhalb solch einer Ideologie zu finden. Sie können Leben in die Welt bringen. Und wohl viele von uns Männern rettet, daß die Mütter in einer Realität leben, welche von Erfahrung und nicht von Metaphysik geprägt ist, die Erfahrung zum Beispiel mit der Hilflosigkeit ihrer Kinder, Kinder, auf die sie sich bewußt freuen. Damit soll nicht die Plackerei und starke Gebundenheit von Frauen glorifiziert werden, mit denen das Kinderaufziehen in unserer Kultur so oft verbunden ist.

Das Entscheidende ist, daß viele Frauen trotzdem immer bereit waren, auf die Hilflosigkeit ihrer Kinder einzugehen. Die Hilflosigkeit des Säuglings, eingebettet in die Lebendigkeit und Freude der Mutter, wird nicht als Bedrohung oder Druck erfahren. Sie führt für das Kind zur Entdeckung, daß ihm geholfen wird, die Welt zu erfassen und zu erreichen. Gleichzeitig führt eine solche Empfänglichkeit einer Mutter – durch ihr Erleben der eigenen Kreativität – zur Verläßlichkeit und Erweiterung ihrer empathischen Fähigkeiten. Dieses Entfalten der empathischen Wahrnehmungsfähigkeit fördert nicht nur das Wachstum des Kindes durch die angemessene Antwort auf seine Bedürfnisse, sondern verstärkt auch die Gefühle der Mutter für Angemessenheit, Kraft und Freude.

Das Erlebnis der Hilflosigkeit eines Wesens, das man hegt und nährt und an dessen Heranwachsen man Anteil nimmt, könnte an sich jedermanns Erfahrung sein. Dort aber, wo die

Struktur des Selbst diese Erfahrung als Ausdruck von Schwäche und Mangelhaftigkeit zurückweist, wird solch eine Möglichkeit verworfen. Da der Druck unserer Kultur, jenes durch Hilflosigkeit irritierte Selbst zu erzeugen, größer auf Männer ist als auf Frauen, entsteht ein fundamentaler Unterschied im Umgang mit Hilflosigkeit zwischen Männern und Frauen.

Wir müssen uns mit der Tatsache abfinden, daß dieser Unterschied hauptsächlich darin liegt, daß Frauen im allgemeinen realistischer, wirklichkeitsoffener sind als Männer. Sie sind in dem Sinne menschlicher, als sie weniger von ihren Gefühlen abgetrennt, weniger geneigt sind, ihnen durch Abstraktionen zu entfliehen.

Wie schon darauf hingewiesen, gab es durch alle Zeiten Männer, die auf die Hilflosigkeit anderer in hegender Weise einzugehen verstanden, sie weder fürchteten noch sich dadurch vernichtet fühlten. Aber in unserer von der Bewunderung der Macht beherrschten Kultur müssen gerade die Frauen, die wirklichkeitsoffener sind, viel mehr als die Männer auf zwei Ebenen leben, da ihre tiefste Erfahrung der offiziellen Wirklichkeit widerspricht. In anderen Worten: Wenn offizielle Logik und erlebte Gefühle nicht isomorph (übereinstimmend) sind, kann man nicht auf einer integrierten Ebene leben.

Für Männer bedeutet das sehr häufig, daß Frauen in unterschiedlichen Graden »hysterisch« sind, beherrscht von Irrationalität und Mangel an Logik. Was für eine Vereinfachung und wunderliche Selbsttäuschung unsererseits! Aber diese verächtliche Einstellung Frauen gegenüber hilft den Männern, ihre wahn-sinnigen Annahmen über die vermeintliche Notwendigkeit der »Stärke« und Macht nicht in Frage stellen zu müssen.

Wie sollten Frauen anders als gespalten erscheinen, wenn die »Vernunft« der Macht ihrer Offenheit und Disponibilität, ihrer kreativen Erwartung, Lebendigkeit und Zärtlichkeit und ihrem Eingehen auf Hilflosigkeit und Leiden widerspricht? Sich nicht dem Diktat der logischen Erwartung zu unterwerfen setzt sie leicht dem Verdikt der Inkonsequenz aus. Die »Logik« der Männer lehnt solche »inkonsequenten« Lösungen ab, sie sehen sich in ihren Handlungen als konstant an.

Ich meine, wir müssen dafür danken, daß es noch Unbeständigkeit und Irrationalität gibt; denn dadurch bleiben wir überhaupt noch mit dem Leben in Kontakt. Wir alle würden Robotern noch ähnlicher sein, als wir es ohnehin schon sind, wenn alle Mütter sich in das Abspalten von Gefühlen drängen lassen. Die Tatsache, daß es auf dieser Welt noch immer geistige Gesundheit gibt, spricht für die Kraft und Verbreitung der unmittelbaren Erfahrungen, die in echten Bedürfnissen und Zielen wurzeln.

Wir Männer müssen uns über den Mangel klarwerden, der in den Schranken besteht, die uns von jenen Bedürfnissen trennen, die um Hilflosigkeit, Leid und das Schaffen von neuem Leben kreisen. Das hat unsere Trennung von der Wirklichkeit des Am-Lebenseins, von uns selbst, von Frauen und Kindern vertieft.

In der Vergangenheit mußten Frauen, wollten sie die Verbindung zu ihren wirklichen Gefühlen behalten, einen Teil ihres Lebens mit Bewunderung ihrer ehrgeizigen Ehemänner oder dem Zujubeln auserkorener Helden verbringen. Das erlaubte ihnen nämlich, sich einen Freiraum zu schaffen, in dem ihr anderes Selbst ohne allzuviel Einmischung von außen Ausdruck finden konnte. Kinder und Heim wurden zu solchen Bereichen. Hier konnten sie unter dem Deckmantel weiblicher »Minderwertigkeit« eine Art von Freiheit und geistiger Gesundheit für sich selbst entwickeln.

Wenn ich allerdings jene Frauen sehe, die glauben, Gleichberechtigung bedeute die Freiheit, so ehrgeizig und machthungrig zu sein wie die »männlichsten« der Männer,[16] dann fürchte ich, daß Frauen, die auf ihre Weise heilgeblieben sind, durch die eigenen Geschlechtsgenossinnen gefährdet werden. Denn nun werden sie sich nicht nur gegen Männer wehren müssen, sondern auch gegen jene Frauen, die die männliche Auffassung von Freiheit übernommen haben. Die »Freiheit«, der Macht nachzujagen, um nichts von Furcht wissen zu müssen, verbündet sie mit der Verachtung, die Männer für das weibliche Geschlecht haben. Ein Selbst, das vor der Hilflosigkeit davonläuft, kann nur sehr beschränkt Teile seines inneren Geschehens erfahren. Es kann nicht mit seinen eigenen Schrecken und Unsicherheiten umgehen, kann sie nur negieren durch Verachtung und der Jagd nach Unverwundbarkeit. Das ist natürlich eine vergebliche Jagd für beide, da für Männer und Frauen die Hilflosigkeit, gerade weil sie gefürchtet wird, hinter jeder Ecke lauert. Diese Jagd führt zu Paranoia, Abwehr, Säbelrassseln und zum Wahnsinn des Wettrüstens.

Bewunderung

Die Abhängigkeit von Bewunderung, das heißt das Bewundertwerden, scheint die ersehnte »Stärke« zu versprechen. Für sein »Starksein« will der Mann bewundert werden. Und dieses Bewundertwerden wird Liebe genannt, dabei ist es eher dazu angetan, die wahre Liebe zu ersticken. Meistens ist das nicht die bewußte Absicht, in der Wirkung bleibt es jedoch gleich.

Wenn wir für Eroberungen und Heldentaten geliebt werden wollen, deren Entstehung auf Angst beruht, auf der Angst, daß wir wirklich schwach sein könnten, dann verachten wir uns selbst und dazu jene, die uns dafür »lieben«. So verlangen wir nach weiterem Bewundertwerden, denn nur so müssen wir auf unsere eigenen Zweifel nicht aufmerksam werden und fühlen uns geliebt. Aber die wahre Liebe, die wir alle wünschen, entrinnt uns. Und desgleichen auch Intimität, jene Nähe, die wir nötig haben, vor der wir uns aber fürchten, da sie Offenheit und Echtheit verlangt. Gefangen in der Verlogenheit »männlicher« Metaphysik, gelingt es manchen Männern niemals, in der Begegnung der Intimität auch zu sich selbst zu kommen. Und so wird das Nichtselbst-Sein fortgesetzt. Wie soll ein Mann (oder eine Frau) für etwas bewundert werden, was letztlich auf Selbstbetrug beruht? Solange Angst vor Hilflosigkeit dahintersteht, die man sich nicht eingestehen kann, muß der Bewunderer seine eigene Hilflosigkeit verleugnen. Dadurch verliert er sich selbst. Was übrigbleibt, ist vielleicht ein Kalkulieren, ein Manipulieren. Aber das ist Falschheit und widerspricht der Liebe, so erfolgreich auch jemand damit sein mag!

Eine meiner Patientinnen gab mir Aufschluß über diese Art Bewunderung. Sie brach in einer Sitzung in einen Schrei aus: »Meine letzte Zuflucht war, Teil meiner Mutter zu werden, ihr ganz zu gleichen. Was für ein Trick! Wenn ich sie bewunderte, wie sie war, konnte sie *mich* ja nicht finden. Ich war nicht mehr da!« Eine bemerkenswerte Einsicht. Indem man sich den idealisierten machtvollen anderen angleicht, kann niemand uns finden. Man ist ja nicht da! Der Preis, den wir alle zahlen, ist der Verlust unseres Selbst und als Folge der Verlust der Nähe zueinander.

Bewunderung hat noch einen anderen, äußerst ambivalenten Aspekt. Der, der bewundert, kann Macht ausüben! Es ist die Macht, die ihm der, der bewundert werden möchte, gibt. Ein Paradox – aber trotzdem wahr! Wir gebrauchen Bewunderung und Idealisierung, um die so Idealisierten zu stürzen. Es ist dies die Rache des Unterdrückten: »Du bist nicht so, wie du es mir versprochen hast!« Der, an den wir bislang glaubten, kann im Handumdrehen gestürzt und vernichtet werden. Unsere Geschichte ist voller solcher Wandlungen. Warum sollten wir denn so gläubig gewesen sein?

Verfügen Menschen nicht über die notwendige Intelligenz und Bildung? Ich glaube, daß solch eine Erklärung eine Verhüllung wäre. Sie entfernt uns von der Wahrheit, daß wir uns unseren Unterdrückern ergeben, um unser Selbst zu verlieren; daß wir aber im geheimen sie in ihrer vorgegebenen Gottähnlichkeit fixiert halten, um uns sicher dereinst rächen zu können. Bei Tyrannen und Diktatoren geben wir das nicht zu – außer wenn sie schon am Stürzen sind. Aber in unseren Beziehungen zu unseren weniger bedrohlichen Mitmenschen praktizieren wir dies täglich. Wir idealisieren unseren Mann oder unsere Frau, unseren Geliebten oder die Geliebte. Dadurch brauchen wir dem anderen, wirklichen Menschen nie nahe kommen, nur dem erträumten. Und eines Tages verlieren wir unsere Bewunderung. »Der andere hat uns enttäuscht.« Das ist der Trick, um uns nie in eine enge Verbundenheit zu verlieren, wie wir sie alle vor langer Zeit in unserer Kindheit erfuhren. Damals getrauten wir uns noch, unsere Hilflosigkeit zuzulassen, wurden dann aber oft ausgenützt. In dieser Erfahrung stecken der Schmerz und die Wunde, deretwegen wir unseren wirklichen Bedürfnissen nach Liebe und Nähe ausweichen. Wären wir uns dessen bewußt, so müßten wir uns mit dem Selbst, das auf Macht zielt, konfrontieren. Statt dessen idealisieren wir, wiegen uns im Glauben, zu bewundern und zu lieben, und halten uns gegenseitig auf Armeslänge fern.

In dem Ausmaß, in dem wir andere zu unseren Bewunderern machen, geben wir ihnen Macht über uns. Und so spielen Männer mit Frauen und Frauen mit Männern. Jeder wird durch sich selbst zum Schiedsrichter der Stärke des anderen. Jeder besitzt Macht, obwohl jeder sich unfähig fühlt, sein eigenes Leben zu leben. Was sich uns so darbietet, ist der Anblick einer Jagd von Männern auf Frauen und von Frauen auf Männer, alle auf der Suche nach einer *halluzinierten* Macht im anderen. Und einer haßt den anderen, weil er sich in des anderen Gewalt fühlt.

Nochmals Ödipus

Wohin nun führt uns der Mythos von der Überlegenheit des Mannes? Im Grunde ist es nicht die Liebe, die wir suchen, sondern die Frau oder den Mann, die/der uns stärken wird. Dadurch verstricken wir uns in einem Gewebe von Haß, glauben aber, daß die Jagd auf den außerordentlichen anderen die Suche nach Liebe ist. Dies treibt den Mann zu immer größerer Leistung und zum Herzinfarkt oder in Depressionen und in den Selbstmord. Für Frauen führt es zu jener Form ehrgeiziger Mutterschaft, in der es als Liebe gilt, Kinder zum Werkzeug des eigenen Selbstbewußtseins zu machen. Am Ende steht für alle, Männer, Frauen, Kinder, der Besitzanspruch als einzige geltende Realität der zwischenmenschlichen Beziehung. Jemanden zu besitzen ist Macht und gibt Macht. Wir wissen dies meistens nicht im positiven Sinn. Aber erinnern wir uns an all die Situationen, in denen wir uns in unserem Besitzanspruch bezüglich Frau, Mann, Freundin, Freund oder Kind *bedroht* fühlten. Wer fühlte sich da nicht im Innern gefährdet, wenn unsere Frau über einen anderen Mann – oder auch nur eine andere Frau – begeistert redet? Oder unser Kind eine andere Mutter beziehungsweise einen anderen Vater lobt?

So fühlen sich viele Männer dauernd verlassen, gekränkt, angegriffen, verletzt. Das fängt früh an, und dieses Gefühl des sofortigen Verlassenwerdens und des Verrats wird Ödipus-Komplex genannt. Das ist der Bumerang der männlichen Notwendigkeit von Überlegenheit und Herrschaft. Es ist die eingebaute Rache eines menschenunwürdigen Vorgangs, der Macht für Liebe eintauscht. Eine umfassende Theorie von der Liebe der Söhne zur Mutter und deren Unerreichbarkeit wurde aufgebaut, ohne in Betracht zu ziehen, welche Auswirkungen die Herrschaft der Väter über diese Mütter auf die Kinder hat.

Wenn Knaben fühlen, daß sie sich nicht von ihren Müttern lösen können, so hat das vielleicht mit der Art und Weise zu tun, mit der solche Frauen ihre Söhne zu einer solchen Bindungs-Jagd bringen. Direkte Verführung führt da zum selben Resultat wie Unerreichbarkeit. Was dabei gelernt wird, ist, daß das Besitzen des anderen das Wichtige ist.

Der amerikanische Dramatiker und Nobelpreisträger Eugene O'Neill rang mit diesem Rätsel in allen seinen Werken mit außergewöhnlicher Prägnanz, besonders in ›More Stately Mansions‹ (1962). Hier sucht eine Mutter, geschwächt durch eine vom Mann beherrschte Welt, die ihr die eigene Selbstverwirklichung untersagt, Zuflucht in romantischen Phantasien, die sie aus ihrem Elend tragen – aber selbst auf dem Reiz männlichen Machtstrebens aufgebaut sind! Für ihren Sohn bedeutet ihre tägliche Zuflucht und ihr Rückzug in eine Phantasiewelt ein Verlassenwerden. In einer Familie, in der das Besitzen des anderen zugleich »Liebe« bedeutet, muß es für den Sohn heißen, nicht geliebt zu werden, wenn die Mutter sich distanziert, also ihn nicht besitzen möchte. So versucht er ein ganzes Leben lang, Zugang zu ihrem »Traumhaus« zu finden. In diesem Bühnenstück flüchtet die Mutter jedesmal in ein Gartenhäuschen, um ihre Phantasien ungestört träumen zu können. Und so hofft dieser Sohn, daß er, wenn er in dieses Haus eindringen könnte, sich dort ihrem Besitzanspruch unterwerfen könnte und damit der »Liebe«, die sie ihm vorenthält. Was er schließlich als Erwachsener eines Tages entdeckt, ist die Leere ihres Besitzstrebens, die Tatsache ihrer Wut und ihres Wahnsinns. Dadurch aber wird er sich dieser Tendenzen auch in seinem eigenen Innern bewußt und wird wahnsinnig.

Was hier gespielt wird, ist das Drama um das Besitzenwollen, nicht um Liebe. Indem wir es aber Liebe nennen, bewirkt es in uns Gefühle, die uns befähigen, dafür zu töten und/oder zu sterben. Wenn eine Mutter ihrem Sohn das illusionäre Gefühl gibt, daß er sie besitzen kann (oder mit O'Neill: daß er sie *nicht* besitzen kann), spielt sie ihn gegen seinen Vater aus. Der Vater – oder sein Stellvertreter in der Seele der Mutter – wird zum Rivalen. Das Ausspielen des Vaters gegen den Sohn (und vice versa) hat seinen Ursprung in der gegenseitigen Verstrickung in Machtkämpfen von Männern und Frauen. Wenn ein Junge das Gefühl hat, daß er seine Mutter an den Vater verliert, so kann das nur in Beziehung auf das Bedürfnis, sie zu besitzen, geschehen, das die Mutter zuerst in ihm erweckt hat. Und wenn sie das tut, dann doch als Folge von Herrschaftsverhältnissen, die ihr nicht erlaubten, ihre Erfüllung in einer wahren Selbstverwirklichung zu finden.

Die Wut, die die Herrschaft über Frauen durch den Mann bei Frauen hervorruft, bleibt den Beteiligten meistens verborgen. Aber wenn in einer Beziehung alles um Besitz kreist, wie sollen Frauen anders reagieren, als das Spiel, sich besitzen zu lassen, als Waffe zu benutzen? Einen Sohn dazu zu bringen, mit seinem Vater zu rivalisieren, weil er das Gefühl hat, nie ausreichend in den Besitz seiner Mutter gelangt zu sein, ist kein Problem. Man gibt ihm einfach nicht die Aufmerksamkeit und Liebe, die er braucht, oder hält ihn mit Versprechungen für etwas hin, das er bekommen könnte, fände er nur den magischen Schlüssel. Die Freudsche Interpretation des Mythos von Ödipus verbirgt, aus unserer Sicht, daß die Besitzgier eine Masche um das zerstörerische Spiel der Herrschaft des Mannes über die Frau ist. Es entsteht nicht aus der Liebe, sondern aus ihren Verzerrungen.

Zutiefst aber plagen den Mann Zweifel an seiner Überlegenheit. Diese Wahrheit wird meistens verdeckt. Aber hie und da desavouiert sich einer von denen, die am meisten auf ihrer männlichen Überlegenheit bestehen. Ich kannte einen von ihnen, dessen Selbstbewußtsein so sehr auf Machtausübung beruhte und dessen Image hoch angesehen war. Er war ständig auf der Jagd nach schönen Frauen. Meistens war er erfolgreich, obwohl er sich ihnen gegenüber »niederträchtig und gemein« (seine eigenen Worte) verhielt. Er vertraute mir einmal an: »Wenn du jemanden genügend demütigst, brauchst du dir keine Sorgen zu machen, denn dann hast du ihn auf deiner *eigenen* Stufe.« Das ist die Wahrheit über diese Art von männlichem Selbstbewußtsein!

Der Mann will Liebe, aber der Teufelskreis seiner »Überlegenheit« bringt ihn dazu, Mütter zu produzieren, die ihren Söhnen keine wirkliche Liebe geben können. Das ist schlimm genug. Da sie aber ihre Feindseligkeit dem männlichen Geschlecht gegenüber vor sich selbst und der Welt, gerade wegen ihrer Anpassung, verhüllen müssen, befinden sich solche Söhne in einer äußerst widersprüchlichen Situation: Ihre Mütter tun, als ob sie ihre Söhne annehmen würden, lehnen sie in Wirklichkeit aber ab. Ich habe diese Konstellation in einem Forschungsbericht beschrieben (A. Gruen, 1980b). Es scheint, daß für Männer ihre Mutterbeziehungen viel weniger klar sind als für Frauen, deren Mütter ebenfalls ablehnend waren.

Es ist interessant, daß der amerikanische Psychiater G. E. Vaillant (1978) in seiner Studie über die psychische Gesundheit von Männern schizoide und überideatorische Entwicklungstendenzen gehäuft da fand, wo Männer von ihren Müttern bis ins Erwachsenenalter dominiert wurden. Aber genau das passiert, wenn ein Kind eine Mutter voller Widersprüche erlebt, die es nicht meistern kann. Und so führt die männliche Überlegenheit dazu, daß ihre Opfer nicht nur die Frauen, sondern auch die Söhne sind.

Aber leider ist dies nicht so leicht zu erkennen, da zahlreiche

Männer gerade jenen Frauen nachlaufen, die ihnen im Grunde nichts zu geben haben. Die Krankheit, von der ich hier spreche, ist die große Suche nach Liebe dort, wo nichts zu bekommen ist. Diejenige, die nichts zu geben, zu schenken hat, wird zum Objekt unseres äußersten Verlangens: *Die, die keine Liebe zeigen, müssen sie ja verstecken, sie vorenthalten. Dagegen die, die Liebe geben wollen, können ja nichts wert sein – sonst würden sie sie doch als wertvollen Besitz verstecken!*

Erlösung und »Heiligkeit«

Des Mannes Mythos zerstört ihn selbst und alles das, was er berührt. Selbstverständlich sind nicht alle von uns im selben Maße von ihm geprägt. Aber er ist immer da, weil er gebraucht wird, um vor dem eigenen Selbst ausweichen zu können, das einem Angst macht. Wie könnten wir es sonst erklären, daß sich immer wieder Menschen gerade denen ergeben, die, selbst das Image der Stärke und Herrschaft personifizierend, sie zur größten Selbstaufopferung bringen. Nichts löst das Messianische – das Gefühl des Heiligseins – mehr aus, als die Hörigkeit einem »höheren« Ziel gegenüber. Der Aufruf, für einen Gott, eine Nation, eine Idee Blut zu vergießen, löst Gefühle der inneren Reinheit aus, eine Ekstase absoluter »Liebe«, einen Taumel von tugendhafter Selbstverliebtheit. Warum erkennen wir aber jedesmal erst dann, wenn dies in die Geschichte als Geschichte eingeht, daß es sich um Unterwerfung unter den Wahnsinn eines Mächtigen gehandelt hat? Oft sind es die Besten unter uns, jene, die frei sein möchten, die alles, was ihnen lieb ist, verlassen. Sie wenden sich gegen ihre eigenen Vorsätze, gegen ihre eigenen Gefühle in dem Moment, in dem ein Diktator, ein Führer, ein Oberpriester, Premierminister oder Duce sie zum Kampf aufruft – und fühlen sich erhoben. Dieses heilige, tugendhafte Gefühl, was hat es mit dem wahren Selbst zu tun?

Warum verhalten wir Männer – und manche Frauen – uns immer wieder wie Schafe in unserer eigenen Geschichte, gerade bei denen, die uns am meisten verachten, beherrschen, unterdrükken, zerstören? Warum verschafft Gehorsam ihnen gegenüber ein so gutes Gefühl? Warum erlöst es uns von der Angst, der Unruhe nach einem eigenen Selbst, der eigenen Verantwortung?

Ist die Angst vor der eigenen Hilflosigkeit so tief in uns Männern ausgeprägt, daß wir jedem Führer entgegenlaufen, der uns Erlösung durch Zuflucht in seine *Verachtung für uns* anbietet? Ja, seine Verachtung für uns, unser Am-Leben-Sein erlöst uns, weil wir uns selbst verachten. Unser Streben nach Macht, Überlegenheit, Herrschaft, Erfolg und Eroberung verhüllt die immer präsente Furcht vor dem Versagen, der Hilflosigkeit, die wir nur als Schwäche zu erleben gelernt haben. Trotz der erstaunlichsten Errungenschaften zweifeln wir an unserer »Männlichkeit«.

Unsere Partnerin hat zum Beispiel keinen Orgasmus, und schon haben wir das Gefühl, daß sich in dieser Tatsache unsere ungenügende Potenz widerspiegelt! Es ist unsere eigene geheime Selbst-Verachtung, von der der Unterdrücker uns befreit, indem er uns in der Tat und ganz offensichtlich verachtet. Wie sonst wird ein Stalin zu einer Vaterfigur? Ein Hitler zu einem fehlerlosen Gott? *Wir* verherrlichen sie – und fühlen uns dann selber erhoben –, weil wir in der Tiefe *ihre* Minderwertigkeit, Leere und Haß auf das Leben erkennen. Bis auf den heutigen Tag versehen Historiker Hitler mit magischen Eigenschaften, um zu erklären, wie ihm die ganze Welt verfallen konnte. Aber die Gründe liegen vor allem in uns selbst. Wir statten solche Führer mit nicht existenten Qualitäten aus, weil ihre Verachtung uns befreit.

Dazu ein Beispiel aus der jüngeren Geschichte: Jedermann wußte, daß Nixon, als er 1952 mit Eisenhower kandidierte, gestohlen hatte. (Er hatte als Senator 18235 Dollar von verschiedenen kalifornischen Geschäftsleuten erhalten und für sich selbst verbraucht. White, 1975). Er gab es eigentlich in seiner berühmten Verteidigungs-Sendung,[17] in der er sich auf die »Barmherzigkeit« seiner Hörer berief, zu. Aber man fühlte sich mit ihm wohl, nicht mit Adlai Stevenson, der ein ehrlicher Mann war.

Kurt Tucholskys Beschreibung, als er eine Hitlerrede anhörte, ist hierfür zutreffend: »Merkwürdiges ... Dann war nämlich gar nichts ... nichts, nichts, nichts. Keine Spannung, keine Höhepunkte, er packt mich nicht, ich bin doch schließlich viel zu sehr Artist, um nicht noch selbst in solchem Burschen das Künstlerische zu bewundern, wenn es da wäre. Kein Humor, keine Wärme, kein Feuer, nichts. Er sagt auch nichts als die dümmsten Banalitäten, Konklusionen, die gar keine sind – nichts.« (Tucholsky, 1959)

Aber das muß es sein: Wir statten sie mit dem Leben aus, das wir fürchten, gerade weil sie Haß projizieren, den wir als Lebensersatz akzeptieren, und weil sie uns von der Verantwortung befreien, ein wirkliches und verantwortungsvolles Leben zu führen. *Wir* sind unsere eigenen Feinde; *sie* könnten unsere Seelen nicht zerstören, wenn wir nicht willige Partner wären. Es genügt nicht, diese psychopathischen Mörder zu bekämpfen, wir müssen unsere eigenen Bedürfnisse entdecken, durch die wir uns von unserer inneren Leere fernhalten. Man denke nur an zwei so verschiedene »Staatsmänner« wie Chamberlain und Stalin, die beide auf Hitler hereinfielen. Unter dem Deckmantel der »Heiligkeit«, die uns unsere Unterwerfung verleiht, drücken wir da nicht unsere eigene Verwüstung aus, indem wir andere zerstören, die »Feinde«, an denen wir uns für unsere uneingestandenen Wunden rächen?

Es sind unsere Kinder, denen wir kein eigenes Selbst gestatten, die sich an uns und der Welt dafür rächen, indem sie sich bis zum letzten Atemzug für einen Führer oder einen Gott aufopfern. Unsere Geschichte ist durchdrungen mit den »Heldentaten« der Kinder in Kriegen und Schlachten; wie sie noch heutzutage durch Minenfelder laufen, für »höhere Ziele« sterben, *weil sie kein Selbst haben.* Ob wir von den Kinderkreuzzügen reden, den Jugendorganisationen der totalitären Staaten, dem Verraten der eigenen Eltern, das so verbreitet unter Hitler und Stalin war, können wir in ihrer Unterwerfung unter eine Ideologie nicht eine Parodie des Selbst sehen? Unterwerfung soll zum Selbst führen! Ein Paradox im Leben, ein Horror, in dem das Sichauflösen zum Ziel des Lebens wird! Und immer wieder dient das den Unterdrückern, denn unter diesem »Idealismus« und »Erhobensein« steckt die aufgestaute Wut des in seiner Autonomie verletzten Kindes.

Nicht alle: nicht etwa Hermann Hesse in ›Demian‹ oder andere künstlerische Seelen, die uns immer wieder auf andere Wege gewiesen haben. Manche, vielleicht sogar viele, finden den Weg trotz gesellschaftlichen Drucks zu sich selbst zurück. Manche führt Angst zur *eigenen* Stärke und nicht zur Anpassung an eine Ideologie der Stärke. Ein erschütterndes Beispiel waren die Geschwister Scholl und ihr Freundeskreis, die aus ihren inneren moralischen Motiven heraus den Nazis während der schrecklichen Jahre 1942/1943 Widerstand leisteten (Inge Scholl, 1977).

Caroline Muhr drückte es einmal in ihrem Roman ›Freundinnen‹ (1979) in anderen Worten aus: »... alte Männer sehen immer viel einsamer aus als alte Frauen, viel hilfloser.« Sie meint damit, daß Männer mehr und schneller als Frauen etwas zu verlieren haben, gerade das, wonach Männer laufen, was ihnen aber aus der Hand läuft: Macht und das Selbstbewußtsein, das darauf basiert. Frauen dagegen sind zufriedener, denn »sie haben sich schon lange ans Verlieren gewöhnt«.

Vieles in unserem Leben ist grundsätzlich falsch. Der Mann kämpft für ein Selbst, das kein Selbst ist. Es ist nur eine Form, basierend auf Abstraktionen, die nicht dem Leben, sondern seinem Verhüllen dienen. Frauen, die sie selbst sind, das heißt mit ihren eigenen wahren Lebenskräften verbunden, sind niemals für den Krieg. Männer, auf die das gleiche zutrifft, sind ebenfalls gegen den Krieg. Häufig werden aber die, die der Ideologie der Macht widersprechen, verfolgt. Ihr Sein bedroht die Existenz der Lüge. Es war immer schon so.

Nehmen wir die Gnostiker als Beispiel. Sie wurden vor bald 2000 Jahren vom sich institutionalisierenden Christentum, das um der Macht und Herrschaft willen eine Ideologie der Macht und Unterdrückung benötigte, als ketzerisch empfunden. Während die Bürokratie der Kirche ihre Rolle nach dem Vorbild Roms aufbaute: bedingungsloser Glaube an Autorität, an eine einzige katholische Kirche, eine einzige Wahrheit, deswegen einen einzigen Bischof als Cäsar, schrieben Gnostiker über das Untergraben des Menschlichen durch die Macht.

Tertullian (circa 190) regte sich zum Beispiel über die Gnostiker auf, gerade weil keine Klassenunterschiede zwischen Priestern, Bischöfen und Gemeinden unter ihnen existierten. Er war entsetzt, daß Frauen gleichberechtigt sein könnten (Pagels, 1981). Es ist interessant, wie die Kirche, selber in Opposition zu Rom, mit Rom als Vorbild der Macht identifiziert war. Ihre Ideologie der Gottheit war eine andere, aber nicht die der Seele. Diese war immer noch auf Macht selbst aufgebaut. In dieser Sicht bringt uns Mario Erdheims ›Nach Aller Regel‹ (1981) gleich in die Gegenwart. Sein Aufsatz kreist um die unbewußte Identifikation mit Herrschaft: »Was Horkheimer und Adorno ›Dialektik der Aufklärung‹ nannten, ist auch das Produkt der unbewältigten Ambivalenz der Aufklärer, denen nur ihre Kritik an der Herrschaft, nicht aber die Identifikation mit ihr bewußt war.« Nur, was Erdheim Ambivalenz nennt, ist eine psychoanalytische Vereinfachung. Das Selbst ist so auf Herrschen aufgebaut, daß es sich nicht davon lösen kann, ohne erstmal auseinanderzufallen; es sei denn, daß es wie bei Frauen und manchen Männern noch dem Leben zugewandte Grundpfeiler hat.

Im ›Tripartite Tractate‹ (Pagels, 1979),[18] von einem Schüler Valentinus' geschrieben, lesen wir: Diese Christen »wollen einer den anderen beherrschen, wobei in ihrem eitlen Ehrgeiz einer den anderen überbieten will«. Sie sind aufgeblasen von »Machtlust«, »jeder einzelne bildet sich ein, er sei den anderen überlegen«.

Die Gnostiker dagegen kamen zusammen als Gleichberechtigte, genossen gegenseitige Liebe und halfen einander auf spontane Weise. Frauen und Männer waren gleichberechtigt. Sie verstanden, daß einer Gruppe beitreten dazu mißbraucht werden kann, *um* durch den Gruppendruck einen anderen zu bezwingen. Sie wußten vom Machtanspruch derer, die aus eigener Verachtung sich kriecherisch einer Gruppennorm unterwerfen, um einen anderen zu unterdrücken: »Du mußt dasselbe tun und denken wie ich, sonst bist du ein Feind.«

Dieses implizite »sehet wie ich mich selber aufopfere«, nie direkt in Worten ausgedrückt, gibt das Gefühl von Heiligkeit, noch während man die schrecklichsten Taten ausübt. Es verhüllt die Verhaßtheit der eigenen Lage und die daraus entstehenden Untaten. Es ist aber der Selbsthaß, der hinter dieser Art von Tödlichkeit steht. Sogar das Martyrium wird hier zur Liebe für den Tod, nicht zum Leben. Als Ignatius, Bischof von Antiochien, circa 165 von den Römern zur Folter und zum Tode verurteilt wurde, mahnte er seine Glaubensgenossen, nichts für ihn zu unternehmen: »Laßt auf mich kommen Feuer und das Kreuz und Kampf mit den wilden Tieren, Zerstückeln und Auseinanderreißen, Knochenbrechen und Gliederzerschlagen, Zerquetschen meines ganzen Körpers ..., möge ich bloß zu Jesus Christus kommen!« (Ignatius, Römer 4, 1–5, 3; zitiert in Pagels, 1981) Er wollte von den wilden Tieren zerrissen werden, um seine Treue zu Christus zu beweisen. (Pagels, 1981)

Verfolgung und Gefahr werden herausgefordert, denn sie rechtfertigen den Haß gegen den anderen. Und der *andere* ist nicht der Römer, sondern derjenige, der die Ideologie der Macht zerstören würde, die genau wie bei den Römern die Basis für einen Selbstsinn war, der auf der Notwendigkeit des Herrschens, der Überlegenheit, der Unterdrückung anderer aufbaut. So finden wir Irenaeus 177 n. Chr. in der französischen Stadt Lyon, wo gerade fünfzig Christen zu Tode gefoltert wurden, auch ihr Bischof, ohne Feindseligkeit gegen die Römer, aber voller Haß gegen die Gnostiker, die den Enthusiasmus für den Märtyrertod als einen Betrug am Leben, an Christus und an seiner Lehre ansahen.

Wir können einige Parallelen zur Moderne erkennen. Erinnern wir uns nur daran, daß Stalin Hitler nicht haßte, aber die Trotzkisten und Idealisten – nicht die, die gegen ihn waren, weil sie selbst Macht haben wollten, sondern die, die seinen persönlichen Selbstbetrug gefährdeten.

Die Gnostiker wußten, daß nur eine innere Transformation zum Wohlsein führt; anders als die Erlösung durch das Bestätigtwerden einer Autorität, der wir uns ergeben haben. Markus berichtet, wie die Jünger Jesu ihn als ihren König betrachteten (Markus 8, 27–29).

Das Evangelium nach Thomas erzählt diese Geschichte anders: Jesus sprach zu seinen Jüngern: »Vergleicht mich mit jemandem und sagt mir, wem ich gleiche.« Simon Petrus sagte ihm: »Du gleichst einem gerechten Engel.« Matthäus sagte ihm: »Du gleichst einem weisen Philosophen.« Thomas sagte ihm: »Meister, mein Mund ist ganz unfähig zu sagen, wem du gleichst.« Jesus sagte: »Ich bin nicht dein Meister. Da du getrunken hast, hast du dich berauscht an der sprudelnden Quelle, die ich gespendet habe.« (Thomasevangelium 34, 30–35, 7; zitiert in Pagels, 1981.)

In dieser Version spricht Jesus vom tieferen Sinn, in welchem Autorität akzeptiert werden kann, ohne zu einem Sichergeben zu führen. Auf diesem Weg kann sogar Anerkennung einer Autorität zu seelischem Wachstum führen. Diese Gnostiker, Frauen und Männer, wußten auf ihre Weise, was wir heute oft vergessen: Sozialisierungsprozesse können uns in die Abhängigkeit und in den Infantilismus hineindrücken. Wenn man daraus nicht hinauswachsen kann, sehnt man sich danach, sich der Autorität anzupassen. Die *Kern-Lektion* des Lebens wird dadurch ein Gehorsam, der jenes Verhalten für lohnend erklärt, das die Autoritätsperson von unserem Vermögen, gefällig zu sein, überzeugt. Dadurch entwickelt sich eine amoralische und unreflektierte Haltung der gegenseitigen Bejahung, ein allgemeines Einander-auf-die-Schulter-Klopfen, ein Dauerzustand des lächelnden: »Du bist o.k., ich bin o.k.«, der den Aufstieg in die (Berufs-)Gruppe bestimmt. Diese Verhaltensrollen, verpackt in Bilder von Güte, Väterlichkeit, Mütterlichkeit oder Respekt, vertuschen die Absicht des Herrschens und des Ausnützens der Abhängigkeit des Untergeordneten.

Sigfried Bernfeld, einer der frühen Psychoanalytiker, daran interessiert, den Nebel, der den menschlichen Zustand umgibt, zu lichten, stellte fest, daß gerade in der Psychoanalyse, einem Gebiet, das mit der Befreiung des Menschen zu tun haben sollte, eine Situation herrsche, worin Abhängigkeit vom guten Willen der Autorität als wertvolle »Realitätseigenschaft« gefördert wird! Sein Essay ›On Psychoanalytic Training‹ (1962) ist eine Abhandlung über die *gegenwärtige* Institution der Psychoanalyse, deren Ziel die Befreiung der Person ist, worin Schüler aber als Objekte abstrakter Regeln behandelt werden. Wie können dann Autonomie, Wachstum und Freiheit – wie übrigens auch in anderen revolutionären und der menschlichen Erneuerung gewidmeten Bewegungen, die dann später zur Institution werden, gefördert werden? Sicher nicht durch Institutionen, deren Gewebe von der Ideologie der Macht bestimmt sind. Die Konsequenz ist, daß man immer gegen Institutionalisierung sein muß, um das Menschliche zu erhalten.

Das Furchtbare an der Lage des Menschen ist, daß, wenn er der Lüge der Macht ausgesetzt ist und dadurch leidet, er sich dennoch mit der Macht identifiziert. Er mag eine *Form* der Macht mit einer anderen austauschen und sich für einen Rebellen halten – aber alles, was er tut, ist der Wiederholung eines Sich-selbst-Ergebens gewidmet, nicht dem Etablieren eines wirklichen Selbst.

Das Leiden, das zu einem eigenen Selbst führt, ist wesensverschieden von dem Leiden, das zur Erlösung durch Identifizierung optiert. Nur wenn man bei seinem eigenen Leiden bleiben kann, kann man sich *differenzieren*. Wenn man aber immer hofft, daß derjenige, wie Marcel Proust es sagte, der einen zum Leiden brachte, auch derjenige ist, der die eigenen Schmerzen mildern kann, dann glaubt man an die Lüge der Macht, sucht immer die Autorität, durch die sie bestätigt wird, und wird nie das Göttliche in sich selbst finden.

Wie entsteht dieser Unterschied im Leiden? Vielleicht durch die Begegnung eines Kindes mit einer Mutter, deren Liebe aus eigener innerer Kraft dem Kind die Kraft verleiht, bei seinen eigenen Gefühlen zu bleiben, noch bevor es der Welt des Vaters ausgesetzt wurde. Wenn dagegen die Mutter, selbst von ihrem sie unterdrückenden Mann gefangen, das Kind als Ausdruck einer dem Mann angepaßten Selbstachtung benützen muß, wird ihre Begegnung mit dem Kind zu einer Machtprobe. Unter solchen Bedingungen wird die Entwicklung eines Kindes zu seinem Selbst gleichwertig mit ungestilltem Verlangen[19] und dem Warten auf eine Befriedigung, die nie kommt. Hier wird Hilflosigkeit unerträglich und gefürchtet und das Kind zum Opfer der *Kern-Lektion*, daß Macht – wie auch das Beispiel der Beziehung zwischen den Eltern und zu ihm zeigt – den, der sie ausübt, weniger hilflos macht. Schon ein Kleinkind nimmt wahr, daß seine Mutter glaubt, sich stärker zu fühlen, indem sie seine Hilflosigkeit ausnützt.

Diese Erfahrungen sind in prä-verbalen und prä-logischen Entwicklungsphasen verankert. Buchstäblich *wissen* wir nichts von unserer Vorgeschichte. Was wir wissen könnten, ist verdeckt durch die Verzerrungen, mit denen die Absichten der Eltern verneint werden. Wir lernen dann früh, daß, um mit ihnen in einer erträglichen Beziehung zu stehen, wir sie so sehen müssen, wie sie gesehen werden möchten, nicht wie sie wirklich sind. Auf diese Weise verlieren wir unser eigenes Leben, unsere Ziele und suchen die Milderung unserer Leiden durch die, die es uns versprochen haben. Eigenartigerweise merkte Marcel Proust nicht, daß dahinter auch eine geheime Rache steckt: »Du *mußt* mein Leid lindern, sonst taugst du nicht.« Es ist dieser unausgesprochene Vorwurf, dem wir fortan unser Leben widmen.

Hier finden wir die Quelle der menschlichen Selbstzerstörung und des Bösen, in der Ätiologie eines Selbst, das auf der Unterdrückung und Beherrschung eines anderen, insbesondere der Frauen, beruht. Viele Männer spüren den Irrtum ihrer Lage. Irgendwo, irgendwann hatten sie doch entgegengesetzte Erfahrungen, vielleicht nur ganz früh durch die Verbindung zu einer sie anerkennenden empathischen Mutter, durch den eigenen »suchenden Mund«, wie Erikson (1958) es poetisch ausdrückte, der sie in Verbindung mit Wonne und Liebe ihrer Mutter brachte.

Aber dieser Zwiespalt des doppelten Erfahrens macht sie rasend, denn sie sind in einem Teufelskreis des Selbstzweifels gefangen. Sie können nicht an ihre eigene Wahrheit glauben, und so, weder angepaßt noch revolutionär, finden sie keinen Zugang zu ihren Mitmenschen. Sie sind die wahren Verlorenen. Ihre Wut schafft sich Entlastung in zerstörerischen Ausbrüchen, sogar mit tödlichen Folgen. Sie sind aber nicht die wirklich Bösen, sondern die wahrhaft Verzweifelten, gerade dann, wenn sie noch Zugang zu ihren Gefühlen haben. Es sind die anderen, jene, die die Mythologie der männlichen Lüge als Wahrheit ausgeben, vor denen wir uns schützen müssen. In unserem eigenen Wirrwarr sind sie es, die uns manipulieren können. Sie spielen mit der Hilflosigkeit in uns, so daß wir für die Lösung, die sie uns offerieren, anfällig werden. Und immer wieder verspricht diese Erlösung eine gemeinsame Entladung der in uns aufgespeicherten Wut unter dem Deckmantel erhabener Ziele. Krieg, Eroberung, nationale Gemeinsamkeit vermögen unsere Energien aufzustacheln und uns die Reste unseres Selbst aufgeben zu lassen.

Sigmund Freud war nicht ganz auf der richtigen Spur, wenn er Sublimierung als Antwort auf Wut und Aggression vorschlug. Wenn ein Volk in den Krieg zieht, ein anderes Volk aus seiner eigenen Überheblichkeit heraus unterdrückt, wenn Menschen einander aus ideologischen oder religiösen Gründen verfolgen und vernichten oder die Welt im Namen des Fortschritts zerstören, sind das alles bereits Sublimierungen. Sublimierung ändert nichts am zerstörerischen Drang, nur seine Einkleidung. Um diesen verhängnisvollen Drang zu reduzieren oder zu eliminieren, müssen wir mit der Ideologie unseres Selbst ins klare kommen, denn sie ist seine Quelle.

Der Mann muß sich mit seiner Angst und Hilflosigkeit konfrontieren. Nur dann kann er sich seiner Wut und ihren wirklichen Gründen bewußt werden. Nur dann kann er seine Aufmerksamkeit auf diejenigen Aspekte seiner Lebenssituation konzentrieren, die ganz spezifisch sein Dilemma hervorriefen. Auf diese Weise kann er seine Wut überwinden, sich die Möglichkeit geben, sich vom Gefühl der Hilflosigkeit zu befreien und gleichzeitig von der Wut. Die Annahme der Hilflosigkeit führt dazu, sich in der Welt als Bestandteil eines größeren Lebenszusammenhangs eingebettet zu sehen und nicht die Hilflosigkeit als Schwäche und Defekt zu definieren.

Indem ein Mann seine Grenzen akzeptiert, Kräfte außerhalb von sich selbst erkennt, sich dadurch aber nicht als mangelhaft empfindet, gibt er seine Grandiosität auf. Damit befreit er sich von primitiver und zerstörerischer Wut. Weder Repression noch Sublimation erreichen dieses; im Gegenteil, beide tragen dazu bei, die Quellen der Wut am Leben zu erhalten. Die Konfrontation mit Hilflosigkeit führt zu der einzigen Kraft, die wesentlich ist, zu der Stärke, die aus der Konfrontation mit Schwäche erwächst. Wenn man sich auf diese Konfrontation einläßt, entdeckt man, daß die Annahme der Hilflosigkeit zu einer Erfahrung führt, die einen nicht vernichtet, und daß wahre Beherrschung des Selbst möglich wird. Alles andere ist ein Ausweichen. Frauen wirklich als ebenbürtig anzunehmen, sie nicht als Stütze zur Vermeidung der eigenen Zweifel zu mißbrauchen, wird uns Männern die grundlegende Möglichkeit zur Konfrontation mit uns selbst geben.

IV
Ohne Vergangenheit kann man nicht über sich selbst lachen: Die Bedeutung der Stimulation für das Lebendigsein

Im allgemeinen braucht jeder Organismus Stimulation, um am Leben zu bleiben und sich lebendig zu fühlen. Stimulation ist Anfang und Entwicklung des Lebens selbst. Sie führt zur Organisation der Organe und ihrer Funktionen. Der Mensch wird weitgehend von der Qualität der auf ihn einströmenden Stimulus-Intensitäten formiert. Roffwarg, Muzio und Dement (1966) schlagen vor, daß *in utero* und kurz nach der Geburt des Menschen, bevor genügend von außen kommende Stimulation für das Zentrale Nervensystem vorhanden ist, die REM-Mechanismen des Schlafes (und Traumes) als endogene Quellen der Stimulation dienen. Solche Stimulation würde zur strukturellen Reifung und Differenzierung der wichtigsten sensorischen und motorischen Zentren im Zentralen Nervensystem beitragen und sie für den plötzlichen Zufluß der Stimulation im postnatalen Leben vorbereiten. Die plötzliche Verminderung des REM-Schlafes, die mit der weiteren Entwicklung des Säuglings eintritt, bedeutet dann, daß das reifere Gehirn weniger Bedürfnis nach endogener Stimulation hat.

Die Relevanz der Stimulation ist eine andauernde. Die Forschungen über sensorische Deprivation zeigen, daß ein ununterbrochener Stimulusstrom von außen in das Nervensystem hinein eine Vorbedingung für die Organisation des Stoffwechsels ist, die wiederum grundlegend für alle Aktivitäten ist, von der Brutpflege bis zum Problemlösen.[20] Ein Säugling, der zum Beispiel keine menschliche Wärme und Zärtlichkeit erfährt, stirbt; das Stillen von nur körperlichen Bedürfnissen ist nicht genug.[21] Bei einem erwachsenen Menschen, der sogar nur teilweise von Stimulation (Sicht, Ton, Berührung, Geruch) isoliert wird, können sich geistige Störungen, öfters sogar Wahnsinn entwickeln.[22]

Nun sind wir zum großen Teil in eine Reiz-Welt eingebettet – Musik, Radio, Fernsehen, Werbung, Bilder, Töne der Straße, Zeitungen, Bücher, Architektur, Kleidung, Farben etc. –, die von uns Menschen selber geschaffen wird. Diese Reize oder Stimuli haben weniger mit den rein körperlichen Erhaltungsbedürfnissen zu tun als mit unserem seelischen Zustand. Ohne diese uns umgebende Stimulus-Welt fühlen wir uns meistens leer, gelangweilt und lustlos. Man kann in der Tat sagen, daß wir, ohne uns darüber Rechenschaft zu geben, diese Stimuli suchen, um uns das Gefühl zu geben, am Leben zu sein. Das heißt, daß wir im bewußten Sinne gar nicht die Wahl haben, uns jene Stimuli auszusuchen, die uns unser Gefühl, daß wir am Leben sind, erhalten. Die dadurch entstehende Abhängigkeit und Wahllosigkeit ist uns verschlossen, solange wir uns diese Abhängigkeit und Zwänge nicht bewußt machen können. Genauer genommen, müßte man vielmehr sagen, daß es Menschen gibt, die nicht im hier skizzierten Sinne abhängig sind; sie können auswählen, ohne sich dieser Fähigkeit bewußt zu sein. Zwischen diesen beiden Polen, wählen oder nicht-wählen zu können, gibt es viele Zwischen- und Mischformen.

Daß manche Menschen wählen können und manche nicht, hängt von der Qualität der Stimulus-Welt ab, der wir im frühesten Leben ausgesetzt wurden und die uns dann immer mehr in verschiedene Entwicklungsrichtungen zwingt. Das führt dann dazu, daß wir, obwohl wir alle in derselben Welt leben, verschiedene Arten von Stimuli suchen, wodurch wir letztendlich in verschiedenen Welten existieren.

Die Arten der Stimulation, die uns entgegenkommen, können in zwei Grundkategorien aufgeteilt werden: Da ist die eine Art der Stimulation, die unser Inneres anstößt, an unsere eigenen Gefühle und Bedürfnisse anknüpft, und die andere, die den Menschen zum Vermittler vorprogrammierter Reaktionen macht, so wie etwa Maschinen mit *In-* und *Output*-Charakteristiken. Weil die Stimuli der ersten Kategorie unser Inneres bewegen, führen sie laufend zu einer neuen inneren Integration. Diese löst dann entsprechende Reaktionen aus, die jedesmal das Selbst in einem neuen schöpferischen Akt ausdrücken. Diese Reaktion stellt eine immer wieder neue Integration von äußerer und innerer Bewegung dar. Die andere Art der Stimulation, die keinen unmittelbaren Zugang zu unserem Inneren herstellen kann, ist Ausdruck eines reduzierten Bewußtseins und führt wiederum zu nichts anderem als zu einem reduzierten Bewußtsein.

Beide Arten von Stimulusqualität geben dem Menschen die Bewegung, die er für sein Lebendigkeitsgefühl benötigt. (Ich rede hier nicht von denen, deren Leben ein Versuch ist, Bewegung und Anstoß auszuklammern; diejenigen also, die im Grunde das Totsein dem »Leben« vorziehen.) Beide Grundkategorien der Stimuli sind Leben, aber sie differenzieren sich in ihrer Beschaffenheit und in ihren Konsequenzen für das Menschsein.

Ein Beispiel: Die Städtearchitektur des 19. Jahrhunderts mag insgesamt gesehen häßlich sein. Aber lassen wir unser Auge über ein öffentliches Gebäude dieser Zeit hinweggleiten: Unser Auge wird gesättigt. Unser Blick wird einmal hier, einmal dort verweilen, unbewußt eine Linie, einen Bogen, einen Winkel vervollständigen. Am Ende fühlt man eine innere Befriedigung. Etwas ist vor sich gegangen. Irgendwie ist man veranlaßt worden, eigenes hinzuzufügen, etwas zum Vorgang der Perzeption beizutragen. Ein aktives Verfahren, ein Prozeß wurde angeregt, einer, der das eigene Schöpferische ins Spiel brachte.

Oft ist es aber anders, wenn wir zum Beispiel die Fassaden der durchschnittlichen modernen Architektur mit unseren Augen überfliegen. Sie mag eindrucksvoll sein, sogar Schwung haben. Aber wenn wir fertig sind, befinden wir uns immer noch auf der Suche nach etwas mehr. Das Auge ist nicht »gesättigt«, man ist nicht zur Teilnahme angeregt worden. Ja, vielleicht gab es dem Betrachter sogar unmittelbar ein Gefühl von Macht; das füllt aber auch nicht aus, da es einen dazu bringt, nur nach mehr zu suchen.

Dieses Beispiel zeigt, daß unsere Stimulus-Welt uns nicht mehr in unserem Innern anrühren/bewegen kann. Sie zwingt uns, nach immer mehr Stimuli Ausschau zu halten, die uns dann wiederum nur von außen her bewegen. Die Spirale dreht sich immer weiter, und so werden wir in der Tat *stimulusgebunden* (engl. stimulus-bound).

Um uns lebendig fühlen zu können, werden wir immer mehr Äußeres brauchen, und das Stimulus-gebunden-Sein wird zu einem Lebensdrang! Die Stimuli selber treiben uns nun auf einen Kurs, der uns an sie bindet, obwohl sie uns innerlich leer lassen. Da wir aber meinen, daß wir nur mehr von ihnen bräuchten, um die Leere zu füllen, steigert sich unser Bedarf für das, was im Grunde nur Leere bringt. Vielfältig ist die Art dieser Stimuli: laute Musik, große Autos, glitzernde Farben ohne Nuancen, schimmernde Geräte, irgend etwas, solange es nur Steigerung an Stimulation liefert. Schließlich ist das, was wir suchen, um uns als lebendig zu erfahren, bloß noch die Geschwindigkeit, mit der ein Wechsel sich vollzieht. Form oder

Inhalt des Stimulus ist für uns kaum noch von Bedeutung. Überhaupt wird der Inhalt immer bedeutungsloser. Tatsächlich wird die Leere der Formen vorgezogen, denn Formen mit Inhalt und Sinn behindern das Tempo des Wechsels. Sinn erfordert immerhin etwas Zeit für innere mentale Organisation.

Das Bewußtsein, das diese Stimulus-Welt von heute gestaltet, ist selbst reduziert. Geformt aus abstrakten Begriffen über unser Sein, reduziert dieses Bewußtsein immer stärker den Menschen, der seiner Wirkung ausgesetzt ist. Indem es zunehmend davon ausgeht, daß der Mensch ein Objekt mit In- und Output-Charakteristiken ist, verhindert es den Zugang des Menschen zu seinen inneren Vorgängen, läßt sie sich nicht entwickeln, und letztendlich wird der Mensch genau dem entsprechen, was von ihm angenommen wird. In der Psychologie ist dieser Prozeß fast ein bewußt gewollter. Der amerikanische Psychologieprofessor B. F. Skinner und seine Schule, die die Verhaltenspsychologie in der ganzen Welt nachhaltig beeinflußte, befaßt sich mit dem Menschen, als ob Freiheit und Würde gar nicht existierten: Der deutsche Titel eines seiner berühmtesten Bücher heißt ›Jenseits von Freiheit‹! Aber indem der Mensch dann tatsächlich zu dem wird, wie man ihn sieht, beweisen wir die Wissenschaftlichkeit solcher Prämissen. Auf diese Weise wird der Mensch homogenisiert und simplifiziert. Das Unbehagen in ihm, gefördert durch das unzugängliche Innere, wird dabei nicht im Zusammenhang mit der vorhergegangenen Reduktion seiner möglichen Dimensionen gesehen.

Ein anderes Beispiel unserer eigentlichen Verstümmelung durch eine reduzierende Begrifflichkeit – diesmal weniger bewußt beziehungsweise gewollt – kommt aus der Architektur. Hugo Kükelhaus (1978), der europäische Architekturphilosoph, hat darauf hingewiesen, daß die meisten von uns das Licht nie als ein Sichentfalten erleben. Das geschieht unwillkürlich zum Beispiel in einem Wald, aber fast nie unter den Voraussetzungen moderner Architektur, die Licht als etwas begreift, das auf oder durch weite ungebrochene Oberflächen fallen muß (je größer, desto besser). Auf diese Weise kann einströmendes Licht nie als Bewegung empfunden werden.

Das ist der entscheidende Punkt. Die angedeuteten Vorgänge führen zu einer Verringerung der nach innen belebenden Stimuli. So verlieren wir immer mehr die Möglichkeit eines Erlebens der Resonanz innerer Bewegungen und werden jener Erfahrungen beraubt, die das Gefühl des Lebendigseins bereichern.

In diesem Zusammenhang haben die Forschungen des verstorbenen amerikanischen Psychologen, Tierforschers und Neurologen H. G. Birch ebenfalls eine Bedeutung. Er zeigte schon vor Jahren (1950), daß Katzen, die keine Erfahrungen mit sich bewegenden Stimuli hatten, sich nie zu vollständigen Katzen entwickeln. Im Experiment hatten die Katzen keine Möglichkeit, bewegliche Gegenstände wahrzunehmen, auch keine bewegten Schatten. Die Käfige wurden durch indirekte Beleuchtung erhellt; der Boden selber war aus Draht, so daß Futterkugeln sofort wegfielen. Katzen, die sich unter diesen Bedingungen entwickelten, jagten später nie einer Maus nach. In ähnlicher Weise zeigten Ratten, wenn ihre Möglichkeit, sich selbst zu lecken, reduziert wurde (durch einen »Elisabethanischen« Kragen), bei der Geburt ihres Wurfes kein normales mütterliches Verhalten. (Birch, 1945)

Es ist also nicht nur die ausbleibende beziehungsweise verhinderte Bereicherung, die in Frage gestellt wird. Es geht vielmehr auch um unsere Verkrüppelung. Denn ein Mensch ohne die Möglichkeiten solcher nach *innen* zielenden Erfahrungen wird zu einem anderen Wesen. Das Bedürfnis für solche Stimulation ist zwar vorhanden, wenn es aber nicht gestillt wird, fühlt man sich leer und unzufrieden. Das ist einer der Gründe für das Unwohlsein, der ewigen Unzufriedenheit inmitten einer uns mit Stimuli überflutenden Wohlstandsgesellschaft. Diese Stimuli sind Ausdruck und Aktivation des reduzierten Bewußtseins. Wenn unsere Lebendigkeit von dem andauernden Zufluß äußerer Stimulation abhängig ist, können wir uns aus dieser Abhängigkeit nicht lösen. Im Gegenteil: Uns treibt die innere Unzufriedenheit, zu deren wahren Gründen wir den Zugang verloren haben, unmerklich in immer mehr Äußerlichkeiten. Denn dort, so haben wir es gelernt, können wir eine Art Lebendigkeit finden.

Nur, diese Art von äußerer Stimulation löst bloße Reaktionen aus, niemals Kreativität. Sie macht uns zum Roboter. Wir handeln dann mit uns, als ob wir uns in den Dingen da draußen finden können, zum Beispiel in den Sachen, die wir besitzen.

Infolgedessen befassen wir uns mit dem Leben, als ob es Ausdruck eines Besitzes von Dingen außerhalb unseres Selbst wäre. Dadurch wird das Lebensbewußtsein reduziert zu dem, was der Markt an Ware bietet. Unsere Persönlichkeit ist dann tatsächlich durch die Produkte der Industrie definiert. Das Resultat ist, daß wir von Begierden motiviert werden, die wohl den Bedürfnissen des Kommerz entsprechen, nicht aber unseren eigenen.

Die Verstärkung dieser Art von Verlangen, von Appetit, wird oft und gern mit Bewußtseinserweiterung und Entfaltung der Persönlichkeit gleichgesetzt. In Wirklichkeit trennt uns das noch mehr von dem inneren Unbehagen und der Leere, die dann nur als blindes Gefühl einer ständigen Reizbarkeit zum Vorschein kommen. Diesem aber versuchen wir durch neue Anschaffungen, neue äußere Veränderungen beizukommen. Aber die innere Not und die sie begleitende Wut erkennen wir nicht.

Unser Streben, so scheint es, geht nach immer mehr Technik und Techniken, denn sie geben uns die Illusion einer Großartigkeit. Beobachten wir jedoch die Menschen, so sehen wir, wie viele umherhasten, sich in unzählige Aktivitäten stürzen, um ihrem unbekannten, aber störenden Inneren zu entgehen, das sein Recht fordert. Dieses Innere macht ihnen Angst, wobei die Einsicht, daß sie Angst haben und daß sie Unfähigkeit und Hilflossein fürchten, völlig fehlt. Statt Angst fühlen sie zum Beispiel Langeweile, wodurch sich ihre rasende Aktivität nur verstärkt. Man bekommt öfters den Eindruck einer blinden Wut, die in ihrer Intensität selbstmörderisch ist. Daß das nicht nur ein suggestiver Eindruck ist, entnehmen wir den Untersuchungen des Soziologen David Phillips (1977, 1978). In einer Reihe von Forschungsstudien legte er dar, daß die Meldungen in den Massenmedien über Morde und Selbstmorde ihrerseits Auto- und Flugzeugunglücke provozierten. Je mehr Morde und Selbstmorde publiziert wurden, desto mehr häuften sich Unfälle auf Autobahnen, im privaten Sport- und Geschäftsflugverkehr. Es ist daraus zu schließen, daß diese Berichte latent vorhandenen, aber diffusen Triebwünschen Form und Auslöser gaben.

Das Selbstzerstörerische verstärkt sich so lange, als wir uns nur dann »am Leben fühlen«, wenn wir durch Reaktionen gesteuert werden, die uns ständig weiter auf das Äußere fixieren. Auf diesem Weg kann man nicht bei sich selbst bleiben noch bei der eigenen Kreativität, die geweckt werden muß, damit wir uns wirklich lebendig fühlen. *Um wirklich lebendig zu sein, muß man fühlen, nicht nur reagieren.* Dann verweilt man bei den Dingen, weil die schöpferische Kraft, die jeder besitzt, Zeit braucht, aufzusteigen und in unser Tun einzudringen. Statt dessen werden wir zu Robotern in der Gewalt von Stimulusketten. Wir sind blind und verfehlen unsere eigenen Möglichkeiten zur Entwicklung, weil die Äußerlichkeiten, an die wir uns hängen, uns den Zugang zu unserem Inneren versperren. Wenn dann ein solcher Mensch tatsächlich von den auf ihn zukommenden Reizen isoliert wird, fällt seine Reaktionsweise – also seine Persönlichkeit und ihre Kohäsion – auseinander; es sei denn, daß er eine innere Stärke, seine innere Welt, entwickelt hätte.

Eigenartig ist, daß die Forschungsarbeiten über die sensorielle Deprivation bei der Schilderung der Wirkungen der Isolation stehen bleiben und uns nichts über das letztere, das heißt über die einzige Möglichkeit, den verheerenden Wirkungen der sensoriellen Deprivation zu entgehen, berichten. Bei der statistischen Bearbeitung der meisten Forschungsansätze fallen jene Individuen, die auch unter diesen Bedingungen in ihrer Persönlichkeit *nicht* dekompensieren, heraus. Um darüber Auskunft zu bekommen, müssen wir uns der Biographie besonderer Menschen und der Literatur zuwenden.

Ich möchte zwei biographische Beispiele erwähnen: Admiral Byrd, der als erster den Südpol erreichte, und die englisch-ungarische Ärztin Evelyne Bone. Beide waren sensoriellen Deprivationen ausgesetzt, aber *in vivo* und nicht unter experimentellen Bedingungen. Byrd war monatelang in einer einförmigen Polarregion isoliert. Seine Autobiographie (1938) gibt uns einen detaillierten Einblick in den Reichtum seines inneren Lebens, welcher Unabhängigkeit von äußerer Sinnes-Stimulierung erzeugt. Er überwand dadurch die völlige Desorientierung, die sonst bis zum Wahnsinn hätte führen können. Ähnliches geschah im Leben von Evelyne Bone (1957). Sie war sieben Jahre lang in einem politischen Gefängnis in Isolationshaft. Die Stimulation ihrer Sinneswelt war extrem reduziert. Aber durch ein inneres Gedankenleben erhielt sie ihre geistige Gesundheit und ihr Leben. Beide waren Menschen, deren persönliche Entwicklung ihnen ein Inneres geschaffen hatte. Daß die Resultate der Deprivations-Forschung so sehr die Auswirkungen in Richtung der geistigen Störungen betonen, ist sehr bezeichnend für den allgemeinen Druck, dem wir Menschen gegenwärtig ausgesetzt sind und der uns in eine Entwicklung treibt, durch die wir in einem zunehmenden Maße abhängig von der äußeren Stimulus-Welt werden.

Es ist sehr interessant, in der Belletristik zu verfolgen, was uns die wissenschaftliche Forschung zu unserem Thema nicht oder nur unzureichend erklären kann. Stefan Zweig schildert zum Beispiel in seiner kurzen ›Schachnovelle‹ (1974, erstmals 1943 erschienen) ein seelisches Überleben unter den zermürbenden Bedingungen der Gestapohaft, die mit einem fast totalen Isolierungsprozeß identisch waren. Für den Held der Novelle wird das mit sich selbst gespielte Spiel der Spiele, Schach, das er auf eine phantasierte Fläche projiziert, zur geistigen Rettung.

Ich erwähne diese Beispiele nicht, um die Wichtigkeit der äußeren Stimulus-Welt zu negieren, sondern um unsere Aufmerksamkeit auf etwas zu lenken, was sonst fast unbewußt vor sich geht: Unter den Stimulus-Bedingungen der Entwicklung, der wir immer mehr ausgesetzt sind, werden wir zunehmend von jenen Stimulusarten bewegt, die unser Inneres nicht anrühren und uns infolgedessen immer mehr vom Außen abhängig machen. Solch eine Entwicklung fördert im übrigen die Illusion, daß wir uns selbst besitzen. Indem wir den Zufluß an Stimuli von außen her suchen, unsere Reaktionen auf sie aber keine inneren Prozesse auslösen, verstärkt sich unsere Abhängigkeit von den äußerlichen Stimuli. Dieser circulus vitiosus – am Ende eine Jagd auf den Wechsel selber – wirkt zerstörerisch, da er im Grunde eine Sucht ist, die es dem Menschen unmöglich macht, seine wahren Bedürfnisse zu erkennen. Verlangen und Gelüste dominieren. Wenn das Innere unberührt und unbefriedigt bleibt, wird es zusätzlich zur Quelle eines Unbehagens, das zu Wut und Zerstörung führt.

Und es wird schwer, einen Weg zu sich selbst zurückzufinden. Man bräuchte Lehrer – aber man weiß es nicht. Denn im maßgebenden Umfeld eines jeden handelt jedermann nach gleichem Muster: die Raserei des nach außen zielenden Suchens.

Man ist nicht in der Lage, die eigenen Verletzungen anzuerkennen, den Verlust des Zugangs zu eigenen Bedürfnissen und Gefühlen. Was wir hier vor uns haben, ist der Tod des menschlichen Erlebens! Unsere Realität ist unwirklich geworden, da wir mit uns selbst nur noch in abstrakten Begriffen, von außen her bestimmt, umgehen können. Unsere wirklichen Bedürfnisse, die wir nicht kennen, gehen verloren.

Umgeben vom toten Besitz, vom Wechsel um seiner selbst willen, treten wir einfach auf derselben Stelle. Je mehr Veränderungen wir im Äußeren suchen, je öfters wir unsere Kleider, Orte, Autos, Apparätchen wechseln, desto intoleranter werden wir gegenüber der Ungewißheit, der wir täglich ausgesetzt sind. Scheinbar ein Paradox, bis man merkt, daß die Raserei für das Neue einer Furcht entspringt, jener Furcht nämlich, mit unseren inneren Gefühlen in Berührung zu kommen, von denen wir ferngehalten werden und die uns deswegen fremd und gefährlich vorkommen müssen. Sie sind die neue Unsicherheit von heute, die uns zu erdrücken scheint. Jedoch: Nur wenn es uns gelingt, uns wieder mit unseren inneren Gefühlen zu verbinden, wird es für uns einen Ausweg geben.

Damit ist aber etwas verbunden, was wir nicht vergessen dürfen: Humor ist ein wichtiger Bestandteil unseres Lebens. Wir brauchen ihn nicht nur, weil er uns über die Nöte des Lebens hinweghilft, sondern auch, weil wir uns durch ihn lebendiger fühlen. Ohne Humor ist man tot, und tatsächlich sind die Humorlosen unter uns jene, die wir als tot oder tödlich empfinden. Jedoch, auch hier vollzieht sich immer mehr eine Reduzierung.

Wenn wir die heutigen Filmkomödien mit älteren vergleichen, so merken wir, daß sich etwas geändert hat, daß etwas fehlt. Die neueren Filme sind zwar in der Regel technisch meisterhaft gemacht, aber ihr Inhalt, selbst wenn sie uns zum Lachen bringen, hinterläßt Leere.

Nehmen wir hingegen zum Beispiel einen alten Film der Marx Brothers. Einer von ihnen zeigt Groucho bei der Rückkehr von einer Afrikasafari. Die Szene beginnt damit, wie er in einem eleganten, von Eingeborenen in voller Kriegsaufmachung getragenen Stuhl in Amerika ankommt. Als er in New York abgesetzt wird, fragt er den Häuptling: »Wieviel?« Der Häuptling antwortet: »Einundzwanzig Dollar.« Groucho vorwurfsvoll: »Ich habe euch doch gesagt, ihr sollt nicht via Australien laufen!« Ein anderer: Groucho kauft in einem New Yorker Bahnhof eine Fahrkarte nach Kalifornien. Der Schalterbeamte sagt ihm, sie koste einhundertsechzehn Dollar. Groucho reicht ihm ein Bündel Scheine und sagt: »Sie brauchen nicht nachzuzählen.« Der Beamte zählt natürlich doch und sagt ihm, es fehlten noch sechzehn Dollar. Groucho entrüstet: »Ich habe doch gesagt, Sie sollen nicht zählen!«

Warum bleiben diese alten Komödien mehr als nur in unserem Gedächtnis? Irgendwie aktivieren sie etwas in uns, rufen etwas in uns wach, das unser eigenes inneres Erleben anspricht. Die neueren Filmkomödien dagegen scheinen mehr wie Stimuli zu wirken, die unmittelbare Reaktionen auslösen, aber keine vermittelnden inneren Prozesse einschließen. Sie gleichen mehr Roboterreaktionen. Kein innerer, empathischer Prozeß wird in Gang gesetzt. Dadurch stirbt etwas.

Ich besuchte ein Kino, in dem zwei Filme gezeigt wurden. Einer ein alter der Marx Brothers und der andere ein Komödienfilm vom neuen Typus. Das Publikum, vorwiegend Jugendliche, wußte mit dem Marx-Brothers-Film nichts Rechtes anzufangen. Hingegen konnten sie während des folgenden neuen Films über Szenen, in denen sich Wörter wie »ficken« und »Scheiße« häuften, vor Lachen brüllen. Der szenische Kontext war minimal, es schien eher, als ob die Wörter selbst in ihrer antisozialen Andeutung aufgestaute Wut durch rauhes Gelächter freisetzten. Sie dienten einfach als Auslöser dieser von der reduzierenden Welt geformten Wut. Die Reaktion war in diesem Sinne »preformed« (vorgeprägt).

Den Marx-Brothers-Film genießen zu können erforderte ein inneres Lebendigsein, eine eigene, schöpferische Reaktion. Die jungen Menschen waren offensichtlich ohne Zugang zu ihrem Inneren. Wenn überhaupt, so weigerten sie sich aggressiv, daran erinnert zu werden, indem sie sich demonstrativ langweilten.

Es haben sich natürlich nicht nur diese Filme verändert. Eine allgemeine Veränderung in unseren Beziehungen zu unseren Gefühlen und unserer schöpferischen Kraft kann allenthalben beobachtet werden. Wenn unsere echten Gefühle und unsere Kreativität nicht gefordert werden, so sterben sie allmählich ab, und wir verarmen. Die Leere, die auf diese Weise in uns entsteht, macht uns wütend, um so mehr, als das Unbehagen, das dadurch ausgelöst wird, uns bedroht. Unser Potential für Destruktivität nimmt zu.

Wenn Kunst uns dazu bringt, sich an ihr zu beteiligen, wenn ein Film uns innerlich anrührt, lernen wir – auch ohne Worte – etwas über uns selbst. Aber in zunehmendem Maße sind wir einer Welt ausgesetzt, durch die wir unser Inneres nicht erkennen können. Unser Leben wird zu Sequenzen vorgeformter Reaktionen anstelle empfundenen Erlebens. Und das Schnellfeuer der ständigen Umschaltungen wird zum Ersatz für Gefühle. Wir haben keine Chance, bei uns selbst zu verweilen, über die Dinge nachzudenken. Alles wird uns »portionsgerecht« zum sofortigen Gebrauch dargeboten; auch vorgekaut. Dadurch haben wir keine Erfahrung mehr mit der *Spannung als einer Quelle unseres eigenen Tuns.*

Unsere Abhängigkeit von der einseitigen Art der Stimulation vergrößert sich täglich. Manche können gar nicht mehr herumlaufen, ohne daß ihr Transistor-Radio auf ein Programm eingestellt ist. Entweder können sie ihre eigenen Erregungen nicht ertragen oder die Leere, die sich einstellt, wenn im Moment keine äußeren Stimuli vorhanden sind, die das künstlich erzeugte Lebendigkeitsgefühl aufrechterhalten. Es ist wichtig hervorzuheben, daß wir uns, weil wir uns diese Stimulus-Welt und -Werte aneignen, für autonom halten und gar nicht merken, daß Orwells 1984 schon mit uns ist. Das Erschütternde ist, daß sein Roman ›1984‹ nicht nur in diktatorischen Terror-Regimen zu finden ist, sondern auch in hohem Grad da, wo keine offensichtliche offizielle Gewalt angewendet wird.

Diese Trennung vom wahren Selbst beeinflußt auch unser Verhältnis zu uns selbst und die Art, wie wir unsere eigene Entwicklung anschauen. Immer häufiger verhalten sich Menschen so, als wäre ihre Vergangenheit ohne Bedeutung für ihre Gegenwart.

Ich erinnere mich an ein Erlebnis mit einer Studentin an der Rutgers Universität. Ich hatte über den amerikanischen Dramaturg William Hanley und sein Bühnenstück ›Slow Dance On The Killing Ground‹ (Langsamer Tanz über den tödlichen Boden, 1964) gesprochen. In diesem Meisterwerk gibt es drei Figuren, die alle ein furchtbares, traumatisches Leben hinter sich haben, aber bis auf einen von ihnen keine entsprechenden Gefühle darüber empfinden. Für Rosie, ein modernes Collegegirl, intellektuell und von ihren Gefühlen abgeschnitten, auf dem Weg zu einer Abtreibung, ist es nicht anders, als würde sie eine Leberwurst zerschneiden. Bei Glass, dem alten deutschen Kommunisten, wird der Horror, seine Frau den Nazis überlassen zu haben, durch seine ideologische Ergebenheit ausgelöscht. Nur Randall, der seine Mutter ermordete, weil ihre Hurerei ihn verletzte, erfährt bewußt das Grauen seiner Mordlust.

Aber die erwähnte junge Psychologiestudentin sagte, sie sehe nicht, warum es eine besondere Bedeutung haben sollte, eine Mutter zu haben, die sich prostituiert. »Soziale Amnesie« (wie Russel Jacoby es 1977 genannt hat) ist rings um uns. Sie ist das vorsätzliche Verdrängen von Dingen, von denen wir einmal wußten, vor denen wir uns aber dann fürchteten (um dann beides, die Furcht und das Geschehen, zu verdrängen).

Ich möchte nochmals, nach diesem Umweg, zum Humor zurückkehren. Ohne Bezug zur Vergangenheit kann man eigentlich nicht über sich selbst lachen. Humor setzt voraus, daß man mit der eigenen Vergangenheit einen lebendigen Kontakt hat.

Im Film ›International Hotel‹ sehen wir den Komiker W. C. Fields in einer Art Vorläufer des Helikopters vergnügt durch die Wolken fliegen, als er plötzlich merkt, daß sein Vorrat an Bier zu Ende geht. Er landet auf dem Dach des Internationalen Hotels in Tientsin, China, wo die Elite der Stadt gerade dabei ist, ihren Nachmittagstee zu trinken. Mit schallender und zugleich leicht schwankender Stimme fragt Fields, wo er sei. »Tientsin, China«, wird ihm sehr vornehm geantwortet. »Ich suche Kansas City, Kansas!« ruft er voll entrüsteter Hilflosigkeit. »Sie haben sich verirrt, mein Herr«, quiekt eine Stimme. Worauf sich Fields zu voller Größe aufrichtet, in die Brust wirft und brüllt: »O nein, *ich* habe mich nicht verirrt, sondern Kansas City!«

Die Pointe ist die, daß derjenige, der nie sein Inneres erfahren hat, nie lebendig gewesen ist, dann auch nicht über die Vorstellung lachen kann, keinen eigenen Kern zu haben.

V
Patienten in der Psychotherapie

Die meisten Kulturen[23] müssen unter dem Aspekt gesehen werden, daß sie Instrumente sind, Spaltungen im menschlichen Bewußtsein zu erzeugen und aufrechtzuerhalten. Wenn wir eine Zivilisation beschreiben und analysieren wollen, müßten die eigentlichen Fragen, die wir uns stellen, lauten: Inwieweit hindert die Zivilisation beziehungsweise Kultur das Kind, sich der Unterdrückung seiner Autonomie bewußt zu werden? Wie trennt sie im Prozeß der Bewußtwerdung das Kind von den wahren Ursachen seiner Hilflosigkeit und Wut ab? Wie bringt »Kultur« es zustande, diese Wut und den daraus entstehenden Destruktionstrieb in eine Richtung des Verhaltens zu treiben, die dem Bedürfnis des Menschen nach Liebe und Mitgefühl widersprechen, ihn für diese Strebungen unempfindlich machen?

Mit solchen Fragen sind wir dem Phänomen der Spaltung und Trennung in der Kultur auf der Spur, und es wird klar – so befremdlich dieser Aspekt zunächst erscheint –, welche Kulturen den Tod, den Haß der Destruktivität im Keime tragen und welche Kulturen wirklich dem Leben verpflichtet sind. Diese Fragen entsprechen einer Orientierung, die das angepaßte Dasein als Endstadium einer Entwicklung sieht, die auf Bewußtseins-Spaltung ruht. Dadurch löst sich auch das Rätsel der psychischen Erkrankung. Diese bedarf der umfassenden Perspektive einer Gesamtschau, in der die ganze Beziehung der Kultur zur Entwicklungsgeschichte des einzelnen miteinbezogen wird und in der sich dann der Sinn der seelischen »Erkrankung« herauskristallisiert: Jene Menschen, die mit der Spaltung als Grundstruktur nicht leben können, werden »krank«.

Diejenigen unter uns, die noch empfindsam sind, die noch Sehnsucht nach einem anderen Ufer der Empfindung haben,[24] also jene, die die Möglichkeit, einen anderen Menschen im vollen Bewußtsein seiner Individualität lieben zu können, nicht aufgegeben haben und auch nicht ihre Sehnsucht, auf gleiche Weise geliebt zu werden, bezahlen einen Preis. Oft fühlen sie sich entfremdet, leiden, ohne zu wissen warum, sind oft voller Angst, können im Leben oder bei der Arbeit versagen; sie werden, auf welche Art auch immer, zu Außenseitern.

Manche dieser Menschen können von Anfang ihrer Entwicklung an nicht mit der im Grunde von der Kultur geforderten

Spaltung leben. Manche erst von dem Moment an, in welchem sie plötzlich mit Gefühlen konfrontiert werden, für die sie scheinbar keine Erfahrung haben und deswegen nicht mit ihnen fertigwerden können. So kommt es, daß wir in der psychotherapeutischen Praxis eigentlich zwei Kategorien von Patienten sehen: Die einen, die »schon immer« Schwierigkeiten im Leben hatten, und die anderen, die »plötzlich« zusammenbrechen, scheinbar wie aus heiterem Himmel. Damit soll nicht gesagt werden, daß alle Menschen mit solchen Erfahrungen in einer Psychotherapie sind oder sein sollten. Viele von ihnen haben genügend Energie, auch Freunde und Partner, die ihnen helfen, einen Weg zu sich selbst zu finden.

Jene erste Kategorie von Patienten hat schon immer Mühe gehabt, die Mittel und Wege zu akzeptieren, die von der Kultur angeboten werden, um Hilflosigkeit und Wut zu »sublimieren«, nämlich Gehorsam, Konformität, Unterdrückung der eigenen Intensität, Beherrschung von Techniken. Solche Menschen weigerten sich schon früh, Herrschaft und Zwang in ihren vielfältigen Formen als Lebensstil hinzunehmen. Sie haben sich dem Druck zur Spaltung ihrer Gefühle nie vollkommen unterworfen. Die kulturelle Lüge, daß die Unterdrückung ihrer Autonomie aus Liebe geschehen sei, widersprach zu sehr der Kraft ihrer eigenen Wahrnehmungen. Sie wurden zu »Kranken«, weil sie es, ohne sich dessen bewußt sein zu müssen, ablehnten, bei diesem selbstbetrügerischen Arrangement mitzumachen. Hingegen tritt ihre Auflehnung und Weigerung oft nicht offen zutage. Von ihrer eigenen Wut erschreckt, sind sie eingeschüchtert. Sie steigert die Angst vor ihren faktischen Unterdrückern, deren »Liebe« sie als Kinder so sehr brauchten. So fürchten sie nicht nur ihre eigene Aggressivität, sondern glauben in bezug auf sich selbst, daß sie böse sind. Ihre Rebellion drückt sich daher meistens so aus, daß sie im Leben versagen.

Viele von diesen Patienten kommen in der verzweifelten »Hoffnung« zu uns, daß ihre Lage wirklich ihre eigene Schuld ist. Deswegen hoffen sie, mit Hilfe der Therapie zu dem gemacht zu werden, was wir übrigen sind: angepaßt, gehorsam, erfolgreich, als Bürger frei, zerstörerisch zu wirken. Andere dagegen wollen wirklich den Dingen auf den Grund gehen; ihre Ratlosigkeit bezieht sich auf das Wie. Die ersteren, einmal von ihrem Schuldgefühl befreit, können durchaus zu erfolgreichen, ehrgeizigen, angepaßten, eher unempfindlichen oder rücksichtslosen Mitgliedern der Gesellschaft gemacht werden. Die anderen bereiten ihren Psychotherapeuten oder Psychoanalytikern mehr Mühe. Sie werden oft als »Grenzfälle« angesehen, zu krank, als daß ihnen wirklich zu helfen wäre. Das heißt, wenn man ihre dauernde Klage – öfters in verhüllter, undurchsichtiger und total unangemessener Form –, daß da draußen in der Welt etwas nicht stimme, nicht akzeptiert. Ich persönlich finde die Zusammenarbeit mit ihnen am hoffnungsvollsten.

Die zweite Kategorie, also jene, die sich plötzlich mit Gefühlen konfrontiert sehen, die sie durch die offizielle, kulturell bedingte Bewußtseinsspaltung bisher vermieden haben, erscheinen wiederum in zwei Gruppen. Die einen wollen nichts anderes, als in den Zustand des Nichtfühlens – der Unempfindlichkeit – zurückgebracht werden. Die anderen möchten ihre Schwierigkeit und Krise als Chance nützen, um ihre Spaltung zu überwinden. Die ersten sind die Lieblingspatienten von Psychotherapeuten und Psychiatern, die vorwiegend mit Psychopharmaka, Elektroschocks, systematischem Verhaltenstraining und manchmal auch mit bestimmten Methoden der Gruppentherapie arbeiten. Hier wird versucht, dem Patienten bei dem Wegschaffen der sich ihm zutiefst aufdrängenden Gefühle zu »helfen«. Die anderen hingegen können zu echten Kämpfern werden, die die Gelegenheit ihres Zusammenbruchs ausnützen, um sich ein für allemal zu integrieren. (In der Stärke ihrer Motivation – nicht in der Art ihrer vorherigen Anpassung – sind sie den »Grenzfällen« der ersten Gruppe oft ähnlich.)

Als ein Beispiel stelle ich eine vierzigjährige energische, erfolgreiche Geschäftsfrau vor. Mehrere Monate, bevor sie zu mir in die Therapie kam, begegnete sie einem Mann, der ihr das Gefühl gab, umsorgt, getragen, getröstet zu werden. Zum ersten Mal fühlte sie sich ohne eine Bürde auf ihren Schultern. Sobald sie aber begann, spontan zu reagieren, ihren Partner ihre Bedürfnisse wissen ließ, zog er sich zurück. Da aber er es war, der diese Bedürfnisse in ihr auslöste, meinte sie, daß ihr Schicksal in den Händen dieses Mannes liege. Ohne ihn erschien ihr ihr eigenes Leben plötzlich bedeutungslos.

Diese Patientin hatte ihr ganzes Leben ohne wirkliche Liebe

gelebt. Die interessierte Kühle ihrer Mutter war ihre ganze Erfahrung mit »Liebe«. Aber als ihre längst verdrängten Wunschvorstellungen, von einem unbekannten Vater emporgetragen zu werden, durch diesen Verehrer stimuliert und zum Leben erweckt wurden, fühlte sie sich vollständig jenen Gefühlen ausgeliefert, die sie ein Leben lang dadurch in Schach gehalten hatte, daß sie »stark«, effizient und erfolgreich war. Die Komponenten ihres Selbstbildes, nämlich Stärke, Unabhängigkeit und Effizienz dienten zur Stabilisierung dieses Bildes im gleichen Moment, wo diese von ihrer Welt als lohnend und gut geheißen wurden. Diese Aufspaltung in ihrem Bewußtsein, die ihr erlaubte, sich mit der Tatsache ihrer Verletzung durch eine unempathische Mutter *nicht* auseinandersetzen zu müssen, war auch der Motor, der sie ständig antrieb, erfolgreich, unabhängig und stark zu sein.

Von dem Moment an aber, in welchem ihr Bedürfnis nach Wärme, nach Umsorgtwerden geweckt worden war, wie unrealistisch und aussichtslos diese Hoffnung auch gewesen sein mag, schien ihre Stärke zu verdunsten und nichts als der Selbstbetrug schien übrigzubleiben. Das durch Spaltung und Verleugnung zusammengehaltene Selbstbild brach auseinander, psychisch und somatisch, wobei ein zu hoher Blutdruck zum bezeichnenden Aspekt ihres körperlichen Leidens wurde. Die Patientin wollte jedoch ihre Probleme nicht mit Beruhigungsmitteln lösen, sie hatte in sich »ein anderes Ufer«, das andere Welten versprach, gespürt. Ihr Arzt unterstützte sie in diesem Begehren. Für diese Frau wurde die Psychotherapie zur Entdeckung ihres Selbst. Sie fand heraus, daß die Angst vor dem Alleinsein, ihr Klammern an diesen Mann, im Grunde die Angst davor war, ein eigenes Selbst zu haben. Ihre »Stärke« und »Unabhängigkeit«, in deren Erscheinungsformen sie sich und anderen imponierte, erwies sich als Ausdruck der Erwartungen und des Willens ihrer Mutter und ihrer Umwelt. Ihre eigene Lebendigkeit war verdeckt.

In dem Moment, als ihre verschütteten eigenen Bedürfnisse wieder zum Vorschein kamen, klammerte sie sich an einen Mann, der genau wie ihre Mutter zutiefst Angst vor diesen Bedürfnissen hatte. Die in einer solchen Situation hervorgerufene Angst ist der Versuch, das eigene Selbst weiterhin auszuklammern – weil die neue Situation die mannigfaltigen Möglichkeiten enthält, zu einem lebendigen Selbst zu kommen. Das Wiedererleben von ursprünglichen Gefühlen bringt die Angst zurück, sich auf den Entstehungsprozeß eines eigenen Selbst einzulassen. Deswegen wird das Alleinsein jetzt zum Greuel. Man braucht den anderen unbedingt, um vor der nun realen Möglichkeit der Erfahrung des Selbst und der damit verbundenen Angst aus frühester Kindheit ausweichen zu können.

Manche Menschen klammern sich aneinander, um ihrem eigenen Selbst zu entkommen. Diese Frau jedoch wagte es, sich selbst wiederzuentdecken, zu ihrer Empfindsamkeit zurückzufinden, jenen Teil von sich zu ändern, der so vom Äußeren, zum Beispiel dem wirtschaftlichen Erfolg, besessen war.

In dieser Frage unterscheiden sich Psychotherapien fundamental, nämlich jene, die die Spaltungstendenzen in der Kultur unterstützen, und jene, die auf der Suche nach der umfassenden Wahrheit des Individuums und seiner Welt sind. In letzter Instanz ist jede Psychotherapie ein moralischer Eingriff, denn das Übel im Menschen fängt damit an, daß manche von uns die Erfahrungen ihrer Kindheit und Jugend, die zu den Spaltungstendenzen im Bewußtsein führten, nicht verarbeiten können. Die moralische Herausforderung der Psychotherapie ist dann die Frage, ob die Therapie dem Patienten zu der Kraft verhelfen *soll,* jene schmerzlichen Erfahrungen zu integrieren, oder ob die Therapie ein subtiles Mittel ist, ihn sich weiterhin verleugnen zu lassen, seine Empfindsamkeit, die ihn zum Rebellieren brachte – auch da, wo er sich dessen gar nicht bewußt war –, wieder zu verdrängen? Teilweise, wie in dem Beispiel geschildert, hängt es vom Patienten ab. Aber es besteht ein unaufhörlicher Zusammenhang zwischen dem »Kranksein« und der eigenen Empfindsamkeit, die einen nicht in Ruhe läßt.

Soll der Therapeut seine Anstrengungen darauf richten, diese Empfindsamkeit zum Schweigen zu bringen? Verrät er auf diesem Weg aber nicht die Wahrheit? Und wenn er das tut, geschieht es, um den Patienten zu beschützen oder wegen der eigenen Identifikation des Therapeuten mit den bestehenden Mächten und seiner eigenen Verflochtenheit mit der kulturellen Spaltung?

Wie könnte sonst ein psychoanalytischer Autor, wie etwa

Michael Maccoby, in seiner Beschreibung der Helden (›Die Neuen Chefs‹, 1979), die ihre Männlichkeit tatsächlich danach bewerten, aus welcher Distanz sie gegen einen Baum urinieren können oder wie sehr sie sich als Frauenverächter geben können, nicht merken, in welchem Ausmaß diese und andere Verhaltensweisen und Einstellungen im Grunde doch Ausdruck von (Größen-)Wahnsinn sind? Maccoby berichtet über solche Verhaltensmuster in den Kreisen führender und anerkannter Manager, betrachtet dies aber alles als völlig normal. Inwieweit sitzt er da nicht seiner eigenen Identifikation mit Erfolg und Macht auf? Meines Erachtens verwechselt er das *Fehlen* von Angst mit psychischer Gesundheit.

Aber gerade das ist der entscheidende Zusammenhang: *Wer Gefühle zuläßt, setzt sich eben auch Angstgefühlen aus.* Machtphantasien hingegen bewahren uns vor der Angst und eben auch allen anderen differenzierten und empfindsamen Gefühlen – und das so lange, bis die verdrängten Gefühle unerwartet emporkommen. Maccobys Haltung ist ein Beweis für die eigenartige Abspaltung und Aufspaltung von Gefühlen, oder anders ausgedrückt: Es werden hier nur Gefühle zugelassen, die im Dienste einer künstlichen Identität stehen, die ausschließlich auf Macht basiert.

Das Leiden unserer Patienten entsteht gerade dadurch, daß sie durch die Identifikation mit Macht von ihrem eigenen Selbst ferngehalten werden. Trotz der Identifikation bleibt allen, auch den Angepaßten, die Angst, verletzt zu werden, sich als »schwach« zu verurteilen, weil sie sich auch fürchten, vom Bedürfnis nach einem anderen Menschen überwältigt zu werden. Da sie bewußt leiden, wissen sie aber etwas über ihre Ängste.

Im folgenden möchte ich aufzeigen, wie verwirrend es wirklich ist, unter den Bedingungen unserer Kultur zu einer Integration unserer vielfältigen und widersprüchlichen Erfahrungen zu kommen. Indem unsere kulturellen Muster vorwiegend Kontrolle, Herrschaft und Macht als Heilmittel, richtigerweise müßte man Schmerzmittel sagen, offerieren, verhindern sie den wirklich heilenden Prozeß, der die Zerrissenheit rückgängig machen könnte.

Ich möchte von einer Patientin berichten, einer kraftvollen, lebendigen, sprudelnden Person. Sie kam einmal zu einer Sitzung voller Zorn, den sie aber nach Kräften zu verhüllen suchte. Kaum daß sie sich hingesetzt hatte, sprach sie über ihr Vertrauen zu mir. Ich fühlte, daß das Gegenteil der Fall war, und fragte sie schließlich, ob sie wütend oder verängstigt sei.

Sie sah überrascht hoch: »Wütend? Ja, Wut kenne ich, aber Angst?« Und gleich darauf brach es aus ihr heraus: »Ich werde mich nicht beherrschen lassen, ich muß meine Sache selber tun!«

Wie kommt es, fragte ich mich, daß ein Teil der Patientin sich mir anvertrauen möchte, ein anderer aber nicht mit einem anderen Menschen teilen konnte.

Ich sprach sie darauf an, und sie antwortete: »Ich weiß es nicht, ich will nicht nachgeben.«

Ich sagte: »Das hört sich an, als ob Sie gegen mich kämpfen müßten.« Denn ich hatte das Gefühl, daß sie gegen ihr eigenes Vertrauensbedürfnis ankämpfte, weil es für sie Schwäche bedeutete. Ich äußerte dann meinen gefühlsmäßigen Eindruck, indem ich ihr sagte, daß das, was sie sagte, sich genauso anhöre, wie das, was sie von ihrer Mutter gesagt hatte: schrill, eisig und verächtlich. Plötzlich änderte sich ihr Verhalten. An diesem Tag sah sie mir zum ersten Mal voll ins Gesicht und sagte mit Traurigkeit: »Es ist grauenhaft.«

Aber das war die Wahrheit. Indem sie genauso garstig und kalt war und auf diese Art auch »Nein« zu dem Mann sagte, der sie wirklich liebte, blieb sie ihrer Mutter gegenüber loyal und rechtfertigte ihr Verhalten. Auf diese Weise verstärkte die Patientin die Spaltung, die Verleugnung ihrer Gefühlswelt, die durch die Mutter hervorgerufen worden war. Indem sie das Muster ihrer Mutter wiederholte, war sie nicht sie selbst.

»Ich halte mich auf Distanz, nur um gemein zu sein.«

Ich entgegnete: »Ja, Sie verbinden sich mit ihr. Sie können das ändern, aber Sie werden dann Angst haben.«

Sie sagte: »Das hört sich richtig an – aber wieso?«

»Das werden wir sehen«, meinte ich.

Etwas später: »Wirklich, ich traue keinem Mann – auch Ihnen nicht. Mutter traute auch nie einem Mann. Es ist nicht Liebe zu ihr – aber ich glaube, sie verließ sich auf mich. Es bedeutet für mich, daß ich für sie das einzige war, dem sie sich zuwenden konnte.«

So machen Eltern aus einem Kind genau das, was sie möchten, und verstümmeln dadurch das Selbst ihres Kindes. Der Tochter solch ein Gefühl ihrer Wichtigkeit vorzuspielen, war die List der Mutter, die kleine Mary zu beherrschen. Der verführerische Trick bestand darin, sie »Macht« über ihre Mutter fühlen zu lassen, während die Wirklichkeit der Beziehung dem Gegenteil entsprach.

Und dann entwirrte sich in dieser Sitzung alles übrige, die vielen Arrangements und die täglichen Wege, auf denen wir Mythen wiederholen, die uns durch das Triumphieren über andere scheinbar in unserer Selbstachtung unterstützen, uns in Wirklichkeit aber zerstören.

»Es stimmt! Warten Sie, da ist ein Zusammenhang mit Doris (der geschiedenen Frau ihres Mannes) –, eine Art Phantasie –, weiß nicht –, es fällt mir gleich ein –, es kommt nicht . . . Da ist ein Zusammenhang zwischen ihr und Mutter. Sie gleichen sich. Ich komme mir vor wie Peter Pan (der siegreiche Held des Kinderbuchs, der aber nie erwachsen werden wollte). Ich glaube, ich fühle mich siegreich – ich fühle, daß ich besser bin als sie.«

Ich: »Warum siegreich? Warum ist das so wichtig? – Wozu einen Triumph aus dem Gefühl machen, daß Sie eine eigene Person sind? Indem Sie daraus einen Triumph machen, wird *das* zur Bindung an Ihre Mutter.«

»Warten Sie mal, ich hatte daran gedacht, eine Geschichte zu schreiben.« Es stellte sich heraus, daß Marys Erzählung um Ereignisse kreiste, die die Verachtung der Mutter für ihre eigene Familie rechtfertigte.

»Der Sinn dieser Geschichte damals – und noch heute – ist, daß Sie Ihrer Mutter recht gaben, sich überlegen zu fühlen, es bedeutete für Sie, *daß andere wesentlich schlechter waren als Ihre Mutter,* dadurch wurde Ihre Mutter in Ihren Augen weniger schlimm –, und das rettete Sie vor Ihrer Verzweiflung über diese Mutter. Was Sie aber hier haben, ist ein hohler Triumph. Es stimmte schon, die anderen waren schlimmer, aber das, was ungesagt blieb, war, *daß ihr alle von derselben Sorte seid* –, so sind Sie nicht frei, sich von ihnen zu trennen . . . Es ist eben keine Frage eines Triumphes, *Sie sind anders,* da ist keine Verbindung zwischen Ihnen, ihr und den anderen.«

Eine lange Pause folgte, dann: »Hah! Was für eine Offenbarung, daß ich anders bin –, ich wollte nie anders sein –, wollte mich in einer Masse von dicken Frauen verlieren ... Ich *bin* anders ..., aber, vielleicht möchte ich es gar nicht!«

Aber sie war es. Sie hatte mutig gegen ihre Vergangenheit angekämpft, ohne es zu wissen. Zuerst auf selbstzerstörerische Art und Weise. Sie heiratete ihren ersten Mann, der, indem er für sie sorgte, aber auch herumnörgelte, ihre Verachtung für sich selbst und alle Frauen bestätigte. Dennoch rang sie ständig mit sich, ihr Leben zu meistern. Sie tat ihr Bestes für ihre Kinder, kämpfte um ihre Kreativität, indem sie schrieb und malte, und konnte sich sogar zeitweise darüber freuen.

»Ich fühle plötzlich solch eine Welle der Liebe für John (ihren jetzigen Mann). Wenn ich wirklich anders bin, kann ich ihn lieben! Wissen Sie, mich anders zu fühlen, macht mich aber ängstlich, furchtsam. Was mache ich?«

»Lernen, damit zu leben. Sie glaubten, Ihre Mutter sei stark, weil sie nie ängstlich zu sein schien. Sie leugnete ihre Angst, schob sie weg als Schwäche, verachtete das, was unsere Menschlichkeit ausmacht.«

»Ja, sie kam mir immer gigantisch vor.«

Aber die Angst, sie selbst zu sein, bleibt für Mary wie für uns alle. In der nächsten Sitzung erzählte sie von den Zielen, die sie erreicht hatte. Mehrere ihrer Arbeiten erschienen gleichzeitig in verschiedenen Zeitschriften. Aber indem sie das alles erzählte, wirkte sie auf mich gar nicht sicher.

»Gestern abend kam ich nach Hause und küßte und küßte John. Es hatte alles mit dem zu tun, über was wir in der letzten Sitzung redeten, daß ich anders bin. – Ich weiß und weiß doch nicht, wovon wir reden.«

»Was wird sterben«, fragte ich, »wenn Sie jemand loslassen?« (Damit meinte ich ihre Mutter.)

Sie: »Ich – für mich war meine Mutter immer die Lebendigkeit selber –, ihre Vitalität!«

Das stimmte, ohne Frage hatte ihre Mutter Vitalität. Aber ich fragte weiter: »Was ist der Terror in Ihnen?«

Sie: »Ich hatte Phantasien, ohne John zu sein, es war erschreckend, wer wird sich um mich kümmern, wenn ich allein bin? – Das hat etwas mit Mutter zu tun, etwas würde auseinanderfallen –, etwas, das unter Schleim vergraben ist! Uff! Vielleicht, wenn ich loslassen würde – es klingt verrückt –, hätte ich nichts mehr, das zu rechtfertigen wäre, was dreckig in mir ist.« (Sie spielte damit auf in früheren Sitzungen herausgearbeitete Zusammenhänge an: Wenn ich nicht mehr meiner Mutter gleiche, dann trage ich selbst die Verantwortung dafür, eine andere Person als Mutter zu sein, denn ich würde ja dann in Übereinstimmung mit meinen eigenen Gefühlen sein.) »Ich habe es getan!! Ich wußte das nicht! Da ist es, endgültig. – *Was mache ich jetzt?* Oh! Die alte Silberschnur, die Nabelschnur.«

Sie verstand, daß diese Frage selbst eine Wiederholung war, sich zum Beispiel mir gegenüber so zu verhalten, *als ob* sie Besitz der Mutter (oder von mir oder eines anderen) sei, und sie nicht über sich selber verfügen könne.

»Und wenn John sagt, er wisse nicht, wie er mich verdient habe, fühle ich mich so voller Verantwortung, oh, das ist es, ich vergesse es fast –, um mich zu rechtfertigen, klammere ich mich an Mutter, weil ihr Schmutz den meinen rechtfertigt –, es ist, als ob plötzlich mein ganzes Leben bedeutungsvoll wird – beinahe hätte ich mich selbst reingelegt.«

Hier sehen wir, warum viele von uns oft so wütend sind. So zu sein, wie wir wirklich sein könnten, an Menschlichkeit nicht geringer als andere, heißt aber auch, Angst zu haben und manchmal voller Unruhe sein. Wir treten so in Widerspruch gegen früheste Lernerfahrungen. Denn *weniger* zu sein als die uns umgebende Autorität (zum Beispiel unsere Eltern), uns auf eine Art klein machen und klein machen zu lassen, wird für viele ein Mittel, Autoritäten zu besänftigen und zu beschwichtigen. Solch ein Abwehrmanöver aufzugeben ruft verständlicherweise Angst und Unbehagen hervor. Deswegen werden wir wütend gegen das, was uns zur Änderung aufruft.

Das Widersprüchliche in der sogenannten Psychopathologie ist, daß Menschen krank werden, weil sie sich noch eine Empfindsamkeit erhalten haben, die der »Realität« der gespaltenen Welt, der sie ausgesetzt sind, widerspricht, und dabei aber gleichzeitig mit der sie bedrückenden Welt identifiziert sind. Dadurch sind sie selber gespalten, und das, was sie bedroht, ist ein Teil von ihnen. Deswegen glauben viele von ihnen, daß der

Besitz jener Macht, von der sie verletzt wurden, ihr Leiden heilen würde.

Jene Menschen, die uns am meisten gestört zu sein scheinen, die Schizophrenen, wehren sich am radikalsten gegen diese Identifizierung. Sie versuchen, sich unserer Welt und ihren Identifizierungen zu entziehen. Dadurch werden sie als *dissoziiert* angesehen, denn der Verlauf solch einer Dis-Identifizierung bringt eine Spaltung zwischen Affekt und der gesellschaftlichen Bedeutung angehender menschlicher Beziehungen mit sich. Wenn Mitleid als Waffe gebraucht wird, sich überheblich zu fühlen oder einen anderen Menschen zu unterdrücken, kann der Schizophrene kein Mitleid fühlen. Er mag dann lachen, wo wir, die mitmachen, Güte oder Trauer als »mitfühlende« Reaktion erwarten. Es ist dieser Sinn der Dinge, dem sie sich durch Dis-Identifizierung enthalten. So leben sie nicht in unserer Realität, wissen oder wußten aber von ihr, obwohl sie den Anschein erwecken, der Realität mit völlig unangemessener Wahrnehmung entgegenzukommen. Und es stimmt. Sie sind beides: der Wahrheit näher und der Realität entfernt.

Es ist wichtig, diesen Vorgang von der Spaltung im Bewußtsein zu differenzieren, dessen Ursache in den vielfältigen Formen falscher Liebe liegt. Durch diese Spaltung werden unsere Wahrnehmung, unser Sehen von uns selbst und unsere Reaktionen auf Beziehungen der Unterdrückung und der Liebe verzerrt bis unmöglich gemacht. Zumindest ein ganz wesentlicher Aspekt der sogenannten Spaltung des Schizophrenen dagegen steht im Zusammenhang ihres Erkennens dieser Wahrheit, obwohl sie diese oft präverbal sich einprägenden Zusammenhänge nicht realitätsgerecht ausdrücken können. Sie »sehen« die Heuchelei einer Liebe, die keine Liebe ist, aber sie haben nicht die Kraft und Möglichkeit, mit dieser Wahrheit in einer gespaltenen Welt zu leben.

Sie wissen nicht, daß die eigene Wahrheit die Quelle ihrer Kraft sein könnte, denn diese Wahrheit wurde ihnen zu früh aberkannt. Da liegt ihre fundamentale Verletzung. Indem sie aber die Heuchelei einer Liebe erkennen, die nur das Sichunterwerfen liebt, sind sie ständig darauf aus zu beweisen, daß sie von einer solchen Welt nicht geliebt werden können. Zur Förderung dieser Wahrheit machen sie sich sogar vollkommen unliebenswürdig. Der daraus entstehende schleichende lebendige Tod ist ihre subjektive und radikale Ehrlichkeit. Deswegen kann man auch auf jenen therapeutischen Wegen mit ihnen arbeiten, die am direktesten und ehrlichsten sind.

VI
Das Ringen um das Selbst und sein Verrat

Das, was wir als Menschlichkeit verstehen, unterliegt im Grunde keiner geschichtlichen Denkentwicklung. Menschlichkeit entwickelt sich nicht aus dem Nachdenken über moralische Werte, wie es im allgemeinen dargestellt wird. Die Moralität kommt nämlich aus Kräften, die vitaler sind als eine dem Menschen aufgesetzte Denkweise. Wo die Moralität auf etwas Äußerlichem basiert, werden wir auch die Bedingungen aller Unmoralität und letztlich Unmenschlichkeit finden. Die behauptete Primitivität unserer Vorfahren und anderer Völker ist ein Mythos, mit dem wir unsere eigenen moralischen Defekte verdecken. Es gibt in diesem Sinn keine Primitiven, sondern nur Menschen, die in ihrer Menschlichkeit beschädigt sind.

Ein Selbst, das in Autonomie gründet, kann nicht mit Destruktivität leben. Das Zerstörerische im Menschen hat sich entwickelt. Es ist ihm nicht angeboren, sondern braucht im Gegenteil eine komplizierte Entwicklung, die um das Scheitern der Autonomie kreist. Was dem Zerstörerischen im Menschen zugrunde liegt, ist eine Spaltung in seiner Seele. Ein Kind im Alter von nur einem Monat leidet schon, wenn es in der ganzheitlichen Wahrnehmung seiner Mutter beeinträchtigt wird.[25]

Wenn aber Anpassung an die soziale Realität die Spaltung der Seele verlangt und diese zum Grundsatz der Entwicklung macht, wird der Mensch böse. Er wird dann fortwährend versuchen, sich selbst zu besitzen, nämlich jenen inneren Teil, der ihm abhanden gekommen ist, und zwar in einer Suche nach *außen*. Der Ausdruck dieses Tuns mag gesellschaftlich gebilligt sein (wie zum Beispiel in Kriegen im Namen einer Ideologie, eines Gottes oder einer »moralischen« Überzeugung) oder ungetarnt kriminell. Was hinter beiden steckt, ist Ausdruck einer früh entwickelten Begierde, das Innere durch einen äußeren Besitz zu erobern.

Jakob Wassermann beschreibt diesen Vorgang in seiner Schilderung des Mörders Niels Heinrich (›Christian Wahnschaffe‹, 1919). Er zeigt uns in diesem Roman einen Mann, der in dem unversöhnlichen Haß gegen alles Lebendige und Gute zuletzt auch noch das innige und reine Mädchen Ruth ermordet. Darin drückt sich für ihn die Rache und Verachtung aus für die Heuchelei, der er seine Existenz verdankt; gleichzeitig aber auch der Haß auf sein Bedürfnis nach dem Teil seiner Seele, der ihm abhanden gekommen war, der liebende Teil, von dem er getrennt wurde. Seine Figur verkörpert den unverschönerten Sinn des Besitzergreifens, die Ver-Äußerlichung dessen, was im Innern fehlt, um auf diese Weise dieser Lücke doch noch Herr zu werden.

»Käme es auf ihn an, Niels Heinrich Engelschall, so bliebe kein Stein auf dem andern stehen, alle Regel würde ausgerottet, alle Ordnung über den Haufen geworfen, alle Städte in die Luft gesprengt, alle Brunnen zugeschüttet, alle Brücken zerbrochen, alle Bücher verbrannt, alle Wege zerstört, und Vernichtung würde gepredigt, einer gegen alle, alle gegen einen, alle gegen alle. Mehr sei die Menschheit nicht wert; das könne er wohl behaupten, denn er habe sie studiert und durchschaut. Er kenne bloß Lügner und Gauner, erbärmliche Narren, Geizhälse und Streber; er habe die gemeinen Hunde kriechen sehen, wenn sie hochkommen wollten, nach oben kriechen und nach unten kläffen. Er kenne die Reichen mit ihren satten, faulen Redensarten und die Armen mit ihrer niederträchtigen Geduld. Er kenne die Bestechlichen und die Nackensteifen, die Prahler und die Düsterlinge, die Flaumacher und die Blümeranten, die Diebe und die Fälscher, die Weiberhelden und die Kopfhänger, die Dirnen und ihre Zuhälter, Kupplerinnen und junge Herren, die Bürgermadams mit ihrer Scheinheiligkeit und ihrer Geilheit, den Neid da und die Heuchelei dort, und die Maskeraden und das Getue, er kenne alles, und ihm imponiere nichts, und er glaube an nichts außer an den Gestank und an den Jammer und an die Habsucht und an die Freßsucht und an die Tücke und an die Bosheit und an die Wollust. Eine Schandenwelt sei es, und hin werden müsse sie, und wer zu solcher Einsicht mal gelangt sei, der müsse den letzten Schritt tun, den allerletzten, wo die Verzweiflung und der Hohn durch sich selber erstickt werde, wo es nicht weitergehe, wo man an der stumpfen Hautwand den Engel des Jüngsten Tages pochen höre, wo das Licht nicht mehr hindringe und auch die Nacht nicht mehr, wo man allein sei mit seiner Wut, daß man sich doch endlich spüre und vergrößere und was Heiliges packe und zerschmettere; was Heiliges, darum handle sichs; was Reines, darum handle sichs; und Herr werden darüber, es niederzuzwingen, es auslöschen.«

Jakob Wassermann vermittelt uns in dieser Figur, wie ein gespaltener Mensch sich nur noch durch Wut am Leben spürt.

Das grauenhafte Paradox besteht darin, daß seine Destruktivität die Quelle seiner Lebendigkeit ist. Das ist ein fürchterlicher Tatbestand, dem wir aber in gewisser Weise täglich begegnen, da solche Menschen – man findet sie auf allen Ebenen der Gesellschaft – nicht ohne Destruktivität leben können.

Diese Menschen ohne ein echtes Selbst geben durch ihr Anpassungsvermögen an das gebilligte gesellschaftliche Verhalten nur allzu oft den Anschein, Menschen mit akzeptablen Gefühlen zu sein. Da sie aber außer ihren Rachegefühlen gegenüber dem Lebendigen, von allen anderen Gefühlen getrennt sind, scheinen sie ohne Angst, Unruhe und Spannung zu sein. Das imponiert jenen, die ihre eigenen Ängste und Spannungen nicht ertragen können. Und so werden solche Menschen bewundert, insbesondere wenn sie voller Ehrgeiz sind.

Der schmerzliche Hauptaspekt des Nazismus geht verloren, wenn wir ihn nur als eigenartige deutsche Verirrung nehmen, von der wir andern ausgenommen sind. Das, was zum Erfolg der Nationalsozialisten und gleichzeitig zum Erfolg ihrer Machtstruktur führte, war nicht nur der Judenhaß und die offene Kriminalität. Der »neue Mensch«, der da emporstieg, war der Mensch ohne Persönlichkeit, ohne Selbst.

In welchem Ausmaß dies der Fall war, zeigt uns schlagartig ein Detail von Eichmanns Verhalten. In einem Fernseh-Interview berichtete einer seiner Entführer, daß, wenn er seinen Stuhlgang erledigen mußte, er sich auf die Toilette setzte und dann seinen Wächter gehorsam fragte: »Darf ich jetzt?« Über seine eigensten körperlichen Vorgänge ließ er den anderen, den, der jetzt Macht über ihn hatte, bestimmen!

Das Entsetzliche der »Banalität des Bösen« (H. Arendt, 1963) liegt nicht im Alltäglichen der Person, sondern in der Menge der Menschen ohne Selbst, die uns als Menschen mit menschlichen Gefühlen erscheinen, uns auch als solche vorgehalten werden. Aus einem Gespräch, das Hans Frank, der General-Gouverneur des Protektorates Polen, mit G. N. Gilbert, dem amerikanischen Gerichtspsychologen, während des Nürnberger Prozesses führte, können wir ersehen, woraus solche Gefühle wirklich bestehen. In diesem Gespräch nannte Hans Frank Hitler einen Verführer und fuhr dann wörtlich fort: »Wissen Sie, die Menschen sind wirklich weiblich ..., so emotional, so wankelmütig, so abhängig von Stimmung und Umgebung, so beeinflußbar ..., so bereit zum Gehorsam, nicht nur daß sie gehorsam sind, sie sind bereit sich zu ergeben, wie eine Frau ... Und dann ließ uns Hitler im Stich, überließ uns die Schuld für alles, was passierte ... Da muß etwas grundsätzliches Böses in mir sein – in allen Menschen ... Massenhypnose – nein, das erklärt es nicht. Ehrgeiz, das hatte viel damit zu tun. Stellen Sie sich mal vor, ich war mit dreißig Jahren Minister, wurde in einer Limousine gefahren, hatte Diener ... Für einen Moment ist man betrunken ..., dann öffnet man seine Hand, und sie ist leer – vollkommen leer.« (Manvell, R. und Fraenkel, H., 1967; übersetzt von A. Gruen)

Wie Albert Speer, Hitlers Architekt und Rüstungsminister und einer von Franks Mitangeklagten, scheint er normal, gefühlsbetont, demütig, gewillt sich zu konfrontieren und klug. Ich erwähne Albert Speer, weil er, der vor allem im industriellen Bereich tätig war, dem organisatorisch erfolgreichen Mann unserer heutigen Gesellschaft entspricht: verbindlich, Genie im Erspüren des Pulses der Übereinstimmung und der Möglichkeiten der Manipulation, elegant und einem scheinbar unpersönlichen Ziel der Größe hingegeben; im tiefsten Grunde für *alles* geeignet, daher *a*-moralisch und trotz blendender sozialer Erscheinung ohne innere Identität.[26]

Was steckt aber nun wirklich hinter jener bekenntnishaften scheinbaren Ehrlichkeit, »die Menschen sind wirklich weiblich ..., sie sind bereit sich zu ergeben«? Nichts außer Verachtung für Frauen, weil sie sich ergeben! Und das wird von jemandem gesagt, der selbstverständlich Ergebung von Frauen verlangt, von jemandem, der kein eigenes Selbst hat außer seiner Hingabe an den Erfolg. Dies ist die Folge der Grundhaltung, die sich immer wieder selbst erzeugt, indem man sich einem anderen Willen ergibt. Darin liegt wohl der Grund für die Verachtung des Weiblichen aller solcher Männer. Im geheimen verachten sie sich selber für die Kapitulation des eigenen Selbst, projizieren es aber auf die Frauen, von denen sie Ergebung verlangen!

Diese Art von Selbst jedoch floriert heutzutage unter Menschen in den führenden politischen, wirtschaftlichen und auch wissenschaftlichen Positionen unserer Gesellschaft – zwar ohne die offene Mordlust Hitlers und seiner Kohorten, aber deswegen nicht weniger gefährlich.[27] Vielleicht sogar noch mehr, weil dieses Selbst, das keines ist, hinter dem Schleier von Normalität, Erfolg, Nützlichkeit und scheinbarer Wertbezogenheit nicht ohne weiteres erkennbar ist.

Das Gegenmittel zum Bösen ist aber nicht das Gewissen. Schuldgefühle, oft selbst an den Verzerrungen der Entwicklung beteiligt, erneuern nur die Bedingungen für die abgrundtiefe Destruktivität. Wirkliche Veränderung kommt nur zustande, wenn ein Mensch sich mit dem Schrecken seiner unermüdlichen Jagd nach irrealer Sicherheit auseindersetzt. Nur durch diesen schmerzlichen Prozeß der Bewußtwerdung kann sich sein Herz öffnen und seine Sensibilität für seine Mitmenschen sich erweitern. Søren Kierkegaard schrieb 1849: »Das Gegenteil der Sünde ist nicht Tugend, sondern der Glaube.« Dieser Glaube ist die Absicht, sich die Möglichkeit eines Selbst, das auf Wahrheit beruht, zu schaffen.

Das ist alles andere als leicht, und viele von uns weichen dem aus, weil wir annehmen, wie man es uns versprochen hat, daß, wenn wir nur gehorsam sind, wir konfliktfrei leben können. So versuchte es eine Patientin, die sich ihr Leben lang »lieb« und »nett« und »folgsam« verhalten hatte. Eines Tages wurde sie mit einem unvorhergesehenen Ereignis konfrontiert. Diese dreißigjährige Frau hatte ihre Kindheit und Jugend unter äußerst ausbeutenden und gewalttätigen Bedingungen verbracht. Als sie sich beispielsweise als zehnjähriges Mädchen bei ihrer Mutter beklagte, daß ein Untermieter sie sexuell belästige, antwortete diese: »Wenn du willst, daß ich ihn fortjage, bring mir zuerst das Geld.« Solange sie sich fügsam verhielt, konnte sie mit alledem weiterleben. Aber jeder Gedanke über sich selbst und ihre Mutter wurde im Keim erstickt. Mit viel Anstrengung beendete sie ihre Schulzeit, um dann mit sechsundzwanzig Jahren ein Hochschulstudium als Sozialarbeiterin zu beginnen.

Im Verlauf des Studiums besuchte sie einmal im Rahmen eines Seminars ein Spital. Sie fand sich plötzlich auf jener Station wieder, auf der sie selbst im Alter von acht Jahren als Patientin eines chirurgischen Eingriffs wegen fast drei Monate verbracht hatte. In dieser unvorhergesehenen Wiederbegegnung stürzte ihre ganze zurückgehaltene Wut von damals auf sie ein: Ärzte und Schwestern waren damals gefühllos und ohne Verständnis für sie als Kind gewesen. Im selben Augenblick, als sie sich ihrer Wut bewußt wurde, kam aber ein internalisiertes kulturelles Gebot zum Vorschein: *Man soll nicht sich selbst bedauern!* Das war genau die Art, auf die ihre Mutter (und ihre Gesellschaftsschicht) dem Innewerden und Erleben der Gewalt und des Schmerzes durch die Autoritäten zu begegnen pflegte.

Die Patientin wies so ihre eigenen Gefühle sofort zurück und nahm am Seminar teil, als ob nichts geschehen wäre. Aber ihre Wut stimulierte ihre Schuldgefühle gegenüber ihrem Selbst und ihren Selbsthaß. Sie hielt sich ihrer Wut wegen für ungenügend angepaßt. Ihre Verstrickung: Sie mußte darauf bestehen, gegen sich selbst unaufrichtig und falsch zu sein, um jene für sie lebenswichtige Belohnung zu erhalten, deren Basis die Einhaltung von Regeln bildete. Diese Leistung erfuhr dann auch durch jede Autorität wohlwollende und gütige Bestätigung.

Weil die Patientin aber glücklicherweise ihre Gefühle nicht total zurückgedrängt hatte, war sie offen genug, um plötzlich das grausame Prinzip zu durchschauen, nach dem ihre Kollegen und Kolleginnen Kinder auswählten, die eine Therapie erhalten sollten. Sie spürte die Unaufrichtigkeit und Heuchelei ihrer Mitstudenten, als sie gewahr wurde, daß diese Kinder, die alle der untersten sozialen Schicht angehörten, nicht nach der Dringlichkeit ihrer Probleme, sondern nach den Kriterien der Nützlichkeit für die geplante Seminararbeit ausgewählt wurden. Nur mit einem »guten« Resultat erhielt man nämlich eine gute Note beziehungsweise eine Empfehlung des Professors. Auf diese Weise wurden Kinder zu Objekten, deren Bedürfnisse und Not einer Note wegen manipuliert wurden.

Es war für die junge Frau jedesmal qualvoll, ein Kind auswählen und dafür ein anderes ablehnen zu müssen. Für die anderen Studenten war das tiefe Dilemma ihrer Kollegin lediglich Ausdruck von Dummheit und Unangepaßtheit. Indem sie auf diese Weise das zutiefst Menschliche im Wesen ihrer Kommilitonin nicht zur Kenntnis nehmen mußten, brauchten sie auch ihre eigenen menschlichen Gefühle nicht aufkommen zu lassen.

Wie komplex das Problem für die Patientin selber war, zeigt sich darin, daß sie wohl mitmachen wollte, das aber nur tun konnte, indem sie ihre Wahrheit »verriet«. Wie sollte sie diese Widersprüche lösen?

Ihr Bedürfnis, sich »lieb« zu verhalten, und ihr Unvermögen, ihre Wut zu assimilieren, kamen in der folgenden Traum-Sequenz zum Ausdruck: Sie blickte in einen Spiegel, hatte aber Angst sich anzusehen, da ihr Spiegelbild nicht sie war, sondern eine rasende wütende »Sie«, die ihrer guten »Sie« schaden könnte. Sie versuchte das Bild im Spiegel wegzuwischen, erschrak dann aber und wurde verwirrt, weil dies bedeuten würde, sich selbst auszulöschen. Durch diesen Traum erkannte sie ihre Spaltung und ihren lebenslangen Versuch, sich gespalten zu halten. Jetzt entdeckte sie aber, daß das einen fundamentalen Teil ihres Selbst auslöschen würde. Das wollte sie nicht.

Es ist dieses Ringen um ein eigenes Selbst, das einem Menschen die Stärke gibt, das eigene Selbst und gleichzeitig den Kontakt zu einer auf vielen Ebenen unwirklichen gesellschaftlichen Realität aufrechtzuerhalten. Aus solchem Ringen kommt auch Freude an der eigenen Lebendigkeit und der des anderen.

Indem solch ein Selbst jedoch nicht ein abstraktes Bild eines Image ist, sondern ein Zustand der Verbundenheit mit den eigenen Gefühlen sowie mit denen der anderen, kann es nur bestehen, wenn das Ringen um solche Verbundenheit lebendig bleibt. Die Kontinuität des Selbst ist deswegen die andauernde Erneuerung dieser Bindungen mit ihren sie begleitenden Leiden, Freuden, Ekstasen und Ausgelassenheiten. Deswegen ist Lebendigkeit Wandel, nicht Beständigkeit; deshalb kommt Stabilität aus der Fähigkeit, Spannung zu ertragen; und kein einzelner ist immun gegen die verführerischen Versprechungen einer konfliktfreien Existenz.

Nachwort

George Orwell beschrieb einmal den Kern der Erfahrung, aus dem des Kindes Hilflosigkeit und Verzweiflung herauswächst. Er war gerade vom Rektor seines Internats geschlagen worden: »Ich weinte gar nicht des Schmerzes wegen. Die zweiten Prügel hatten ja auch nicht sehr weh getan. Angst und Scham schienen mich anästhetisiert zu haben. Ich weinte, teilweise weil ich fühlte, daß das erwartet wurde, teilweise aus aufrichtiger Reue, aber teilweise auch aus einem tieferen Kummer, welcher der Kindheit eigentümlich und nicht leicht zu erklären ist: *Ein Gefühl elender Einsamkeit und Hilflosigkeit, nicht nur eingekerkert zu sein in einer feindlichen Welt, sondern auch in einer Welt von Gut und Böse, wo die Regeln so arrangiert waren, daß es für mich tatsächlich nicht möglich war, sie einzuhalten.*« (›Such, such were the joys‹, 1968; Übersetzung und Hervorhebung von A. Gruen)

Diese Verzweiflung führt dazu, daß das eigene Innere einem fremd wird, gleichgültig, ob die Persönlichkeitsentwicklung zur Rebellion oder zur Anpassung an die »Normen« führt. Man klammert sich fortan an äußere Formen, egal ob sie denen der gesellschaftlichen oder einer ihr entgegengesetzten Ideologie entsprechen. Da man vom eigenen Inneren entfremdet wird, es deswegen formlos und anarchistisch erscheint, deswegen aber wiederum bedrohlich, klammert man sich förmlich an äußere Formen, um den Sinn der eigenen Identität aufrechtzuerhalten.

Dieses vergebliche Klammern beschreibt Franz Kafka so einfühlend. So bemüht sich zum Beispiel Joseph K. in dem Roman ›Der Prozeß‹ zu beweisen, *wer* er ist – mittels eines Radfahrerausweises! Kafkas Helden leiden, weil sie vergeblich dem Unzureichenden der äußerlichen Identität Glauben geschenkt haben. Sie hoffen, ihre Einheit durch das »väterliche« Gesetz zu erreichen, sich dadurch vor dem Auflösen in der scheinbaren Formlosigkeit des Eigenen zu beschützen. Ganz anders bei den Helden in B. Travens Romanen, wie zum Beispiel Koslowski im ›Totenschiff‹, der bis zum Ende gegen jede aufgezwungene Identität ankämpft.

Der Unterschied zwischen Rebellion und Anpassung ist aber grundsätzlich. Rebellion allein macht Authentizität möglich, aber sie muß zur Gemeinschaft mit Menschen führen. Wenn sie nur *gegen* etwas ist, wird sie nur zum Selbstzweck und führt zur Etablierung der eigenen Wichtigkeit. Dadurch wird das Ringen um ein wahres Selbst verworfen. Solch eine Entwicklung führt zu einem Selbst ohne Herz. Das Gefährliche sind nicht die äußeren Gefahren, die einem auf diesem Weg entgegenkommen, sondern die Angst vor dem Terror der Einsamkeit, dem Chaos und dem Wahnsinn.

Wenn in der nach außen gerichteten Rebellion nicht der innere Wandel gelingt, ist die Entwicklung der der Anpassung gleichgesetzt. Henry Miller, selber ein großer Rebell, gibt uns Auskunft darüber in seiner schon erwähnten Studie über Rimbauds Versagen als Rebell (1956, hier übersetzt von A. Gruen). Deswegen möchte ich noch einmal darauf zurückkommen.

Das Leben Rimbauds, kurz aber feurig – sein größtes Werk ›Une Saison En Enfer‹ hatte er mit achtzehn beendet –, ist die Geschichte eines Mannes, der gegen Konformismus und Erstarrung revoltierte, der, »nachdem er sich rigoros durchsetzte, um seine Freiheit und sein Bewußtsein zu entwickeln, dann umschaltete auf finanzielle Sicherheit«. Ausgehend von einem ungewöhnlichen Versuch, die »Wunder der Erde« zu erforschen, trennte sich dieser Mann als Jugendlicher von Freunden und Verwandten, um das Leben in seiner ganzen Fülle zu erfahren. Aber er, der bereits als junger Mann »die Unordnung seines Verstandes als heilig« empfunden hatte, verzichtete plötzlich völlig auf die einmalige Herausforderung seines Lebens. Seine Suche nach Authentizität kam zum Stocken, er taumelte und ging fortan in die entgegengesetzte Richtung. Er wurde wie der Feind, den er gehaßt hatte.

Als Jüngling, so Miller, lief Rimbaud von der unerträglichen provinziellen Atmosphäre des Elternhauses weg. Später, als er sich aus Terror oder Angst vor dem Wahn in die Hände der Mächte begab, die die Welt regieren, begann er mit Gold, Gewehren und Sklaven zu handeln. Er lieferte »seinen Schatz« aus, sagt Miller, »als ob das die Bürde sei . . .«

»Während der ›Nacht in der Hölle‹, als ihm klar wird, daß er der Sklave seiner seelischen Taufe ist, ruft er aus: ›Oh, Eltern, ihr habt mein Unglück verursacht und euer eigenes‹ . . . Er sagt sich von allem los, das ihn mit dem Zeitalter oder dem Land, in dem er geboren wurde, verbindet. ›Ich bin zur Vollkommenheit bereit‹, stellte er fest. Und in einem gewissen Sinne war er es auch. Er hatte seine eigene Weihe vorbereitet, überlebte die schreckliche Feuerprobe, um dann in die Nacht, aus der er geboren war, zurückzusinken. Er hatte begriffen, daß es eine Stufe jenseits der Kunst gab, er hatte seinen Fuß über die Schwelle gesetzt, um sich dann in panischem Schrecken oder aus Furcht vor dem Wahnsinn zurückzuziehen ... Man muß an die Grenzen der eigenen Kräfte kommen, lernen, daß man ein Sklave ist – in welchem Bereich auch immer –, um Befreiung zu ersehnen. Der verfälschte negative Wille, von den eigenen Eltern gehegt, muß überwunden werden, bevor er positiv werden und mit Herz und Verstand vereint werden kann. Der Vater[28] muß entthront werden, auf daß der Sohn herrschen möge ... Er ist der strenge Zuchtmeister, der tote Buchstabe des Gesetzes, das Zeichen *Verboten.* Man schlägt über die Stränge, läuft Amok, erfüllt von falschem Machtgefühl und albernem Stolz. Und dann bricht man zusammen, und das Ich, das nicht Ich ist, gibt auf. *Aber Rimbaud brach nicht zusammen.* Er entthront nicht den Vater, er identifiziert sich selbst mit ihm ... Er läuft zur Gegenseite über, er wird zu dem Feind, den er haßte ... Er ändert seine Identität so gründlich, daß er sich selbst nicht erkennen würde, wenn er sich auf der Straße begegnete. Das ist vielleicht der letzte verzweifelte Anlauf, den Wahnsinn zu überlisten – man wird so überaus geistig gesund, daß man nicht zu wissen braucht, daß man verrückt ist.« Am Ende seines Lebens, »als er auf dem Bauernhof seiner geizigen Mutter qualvoll seinem Ende entgegenkroch«, fuhr er jemanden an, der ihn über seine vergangene große Arbeit fragen wollte: »Bitte, hören Sie auf! Ich habe diese ganze Scheiße *hinter* mir.« (Mathieu, 1979) Es war, als ob er die verhaßten Grenzen seines rebellischen Selbst aufzugeben versuchte.

Diese tiefe Einsicht in den Wahnsinn der geistigen Gesundheit, dort wo sie zum Zufluchtsort des schlimmsten Lebenshasses werden kann, beschreibt den eigentlichen Vorgang im Selbst ohne Autonomie. Es handelt sich hier, ob nun einmaliger Rebell oder angepaßt, von Anfang an um den Selbst-Haß jedes Menschen, der sich unterworfen hat. Solch eine Unterwerfung bringt die Verleugnung der eigenen Realität mit sich. In den Händen solcher Menschen wird Moralität pervertiert.

Mit solch einer Entwicklung fängt ein Mensch an, seine *eigenen* Impulse zu fürchten, und so wird das Bedürfnis, gutgeheißen und gebilligt zu werden (von denen, die man als Götter akzeptiert), das zentrale Anliegen. Angenommen zu werden für das, was von einem erwartet wird, wird zum Mechanismus, der Unruhe aus dem Inneren auszuweichen. Indem das Gutgeheißenwerden zum Zweck des Seins wird, gibt man die Möglichkeit auf, um des eigenen wirklichen Selbst willen geliebt zu werden. Von nun an wird der Wunsch nach solch einer Liebe zur Quelle der eigenen Verachtung, da um der eigenen Sensibilität willen geliebt zu werden bedeuten würde, daß man sich als Schwächling bezeichnet fände. Unter solchen Umständen, wie schon früher mehrfach ausgeführt, lernt ein Kind, daß Liebe eigentlich nur durch ein Manöver des Sicheinfügens gegeben wird. Aber indem es sich damit abfindet, wird es auch die Eltern im geheimen verachten. Um mit sich und seinem Bedürfnis nach Liebe fortan zu leben, muß es sich hassen, wie auch alles, was an aufrichtige Liebe erinnert. Das ist wohl die eigentliche Basis der Grausamkeit selbst. Neal Ascherson (1983) schreibt über Klaus Barbie, den Gestapochef von Lyon, der Jean Moulin zu Tode folterte, daß er in einem Interview einmal sagte: »Als ich Jean Moulin vernahm, fühlte ich, daß er ich selber war.« Also je mehr er sich, das heißt seinen abgestoßenen Teil, in Moulin sah, desto mehr mußte er sich/ihn hassen und töten.

So trennt sich der Mensch vom Menschsein. Danach kann er so vom Selbst-Haß auseinandergerissen sein, daß sich plötzlich eine vollkommene Umkehrung vollziehen kann, wodurch ein früheres willfähriges Selbst im Nu von einem neuen, genauso unautonomen Selbst gehaßt werden kann.[29] Dieser Sachverhalt macht deutlich, daß eine Identität ohne Wurzeln in einer autonomen Selbstentwicklung nur noch aus einem System verbaler Abstraktionen besteht, die das innere Chaos verdecken.[30]

Es mag sein, daß solche Menschen die Urheber und Befürworter des Mythos vom Leiden und Mitgefühl als Schwäche sind, wie schon im ersten Kapitel dargestellt. Aber gerade diese werden uns als *stark* vorgehalten, weil sie nicht leiden! Diese »Starken« jedoch erweisen sich als diejenigen, die von ihren Gefühlen getrennt sind, weil sie nicht die Kraft haben, Leid zu tolerieren. Diese Umkehrung der Wirklichkeit ist oft schwierig zu durchschauen, weil die »Starken«, indem sie es zu ihrem Anliegen machen, an der Macht zu sein, die Definition der gesellschaftlichen »Realität» bestimmen.

Mit der Institutionalisierung solcher »Realität« wird ein Mann einen anderen töten, weil er das in sich selbst haßt, was er der »Realität« wegen als Schwäche identifiziert, was aber das Gute in ihm ist. Milovan Djilas' autobiographische Schilderungen (1958) enthalten einen Bericht, worin ein Montenegriner einen Türken ermordet, mit dem er gerade eine wahrhaft schöne und befriedigende Begegnung hatte. Hier sehen wir einen Mann, der seine Rage zum Ausdruck bringt um abstrakter Begriffe der Ehre und Männlichkeit wegen, Begriffe, die ihn selber versklavt haben. Es geschah genau in dem Augenblick, als der Türke sich in ihrer Gemeinsamkeit geborgen fühlte, daß der andere – auch so nahe fühlend – wahrnahm, daß »etwas aus seinem Innern ausbrach ..., das er völlig unfähig war zurückzuhalten«, und so den Türken umbrachte.

Und so passiert es, daß diejenigen, die an der Macht sind, gerade aus innerer Leere ganze Nationen manipulieren. Menschen werden immer mehr in einen Schlamm von Abstraktionen hineingezogen, der sowohl die Unterdrücker als auch die Unterdrückten erstickt. Und eine Gesellschaft, die zusammenzuckt, wenn jemand dabei ist, die gesellschaftlichen Methoden zu entlarven, durch die die Gesellschaft »versucht, ihren Willen ihren Mitgliedern aufzuzwingen, hat schon das Freiheitsgefühl verloren und ist auf dem Weg zum Absolutismus«.[31] Sie wird versuchen, ihre Gewalttätigkeit unverständlich zu machen, wie es zum Beispiel Solschenizyn mit unvergeßlichen Worten schilderte: »... wir dürfen nie vergessen, daß Gewalttätigkeit keine separate Existenz hat ... Sie ist ständig mit Falschheit verflochten ... Gewalttätigkeit findet ihre einzige Zuflucht in Falschheit, und Falschheit ihre einzige Unterstützung in Gewalttätigkeit. Ein Mann, der nur einmal Gewalttätigkeit als seine Methode begrüßt hat, muß unerbittlich Falschheit als sein Prinzip wählen.« (Solschenizyn, 1972, übersetzt von A. Gruen)

Die Nicht-Autonomie hat schreckliche Konsequenzen für uns alle. Es ist derjenige Zustand, worin Jagd nach Macht zum Weg wird, das innere Chaos und die drohende psychotische

Auflösung abzuwenden. Mit der Abweisung des Inneren, des Zugangs zum immer lauernden Ohnmachtsgefühl, mit dem Streben nach Macht selber die Selbstablehnung und gleichzeitig die Angst vor der inneren Leere vertiefend, bleibt nichts anderes übrig, als die Verstärkung der Jagd nach Macht. Öffentliche Macht wird dadurch zum Ziel wie auch zur Stütze der persönlichen Einheit. Die Dynamik einer solchen Entwicklung läßt keine echten Kompromisse mit anderen zu. Eine Übereinstimmung sehen die betreffenden Menschen nur als Schwäche im anderen. Für sie gibt es keine Ebenbürtigkeit, man wird entweder beherrscht oder herrscht selbst. Für sie ist die Erfahrung der Kindheit zur Kern-Lektion ihres Lebens geworden: Der Schmerz ist Herr über den Geist, deswegen zählt nur Macht. Sie können nichts anderes zugeben, denn sonst müßten sie die Feigheit ihrer eigenen ursprünglichen Unterwerfung dem Schmerz gegenüber zugeben.[32] *Aber gerade ihr Sein wird uns unaufhörlich als realistisch vorgespielt.* Es ist ein Sein, das nur dem Tode gewidmet ist, denn für diese Leute bedeutet das Lebendige Gefahr. Und so zementieren sie die Auffassung, daß Freiheit hemmungslose Bestätigung des Ichs mit sich bringe, also gefährlich sei. Das bewirkt tatsächlich, daß die, die gegen diese Gewalt rebellieren, Freiheit mit ungehemmter Bestätigung des Ichs gleichstellen! Das wiederum bestätigt die Ängste jener, die vergeblich ihre Identität in den Formen der Gewalt suchen.

Dieser »Realismus« ist der eigentliche Feind des Menschseins. Um uns unsere Menschlichkeit aufrechtzuerhalten, müssen wir ihn als das sehen, was er ist, eine neue (oder schon uralte?) Form des Wahnsinns, die Flucht in die geistige Gesundheit, wie es Henry Miller im Falle Rimbauds schilderte. Die Machtpolitiken, die uns als Realismus vorgehalten werden, bringen die Welt jeden Tag dem Abgrund näher. Es war immer schon so, nur hatten die Mächte nie solche Vernichtungsmittel zur Verfügung. Und wie schon früher, so auch jetzt, versucht man im Namen der Realität, uns den tödlichen Ausgang *und die tödliche Gesinnung* zu verneinen. Jene, die an der Macht sind, behaupten, uns ohne jeden Eigennutz beschützen zu wollen. Aber wie Friedrich Nietzsche es über die Philosophen in ›Jenseits von Gut und Böse‹ sagte, gibt es nichts Unpersönliches. Wenn Staatsmänner (oder -frauen) in ihrem Sein gespalten sind, müssen sie fortwährend mit einer Lüge leben. Was sie uns offerieren, kann dann nur vom Gefüge des Menschlichen getrennt sein. Wir werden dieses aber erst erkennen können, wenn wir selbst aufhören, nach Göttern zu suchen. Dafür muß man sich von den Ängsten befreien, die einen dazu brachten, das Göttliche außerhalb des eigenen Selbst zu finden. Wenn nicht, dann führt Rebellion nur dazu, eine Kirche zu stürzen, um eine andere auferstehen zu lassen. Die Mächte und ihre Ausstrahlungen dauern an, wie Henry Miller es ausdrückte. Unter solchen Bedingungen schafft man nur neue Formen der Tyrannei.

Es ist Mitgefühl und Liebe, die die Wandlung zu einem wahren Selbst möglich machen. Henry Miller prägte es poetisch: »›Alles was man uns lehrt, ist falsch‹, protestierte Rimbaud in seiner Jugend. Er hatte recht, vollkommen recht. Aber es ist unsere Aufgabe, falsche Lehren zu bekämpfen, indem wir die Wahrheit in uns offenbaren ... Es ist die große Aufgabe, alle Menschen über den Weg des gegenseitigen Verstehens zu vereinigen. Der Schlüssel ist Barmherzigkeit ...« (1956)

Es gibt keine Methode oder Technik, die zu einem Selbst führen. Die Erwartung solch einer Lösung entspricht schon einem Selbst, das ohne Bewußtsein in der Annahme gefangen ist, daß ein Mensch wie eine Maschine auf Knopfdruck funktioniere. Die *Einstellung* ist der Schlüssel zur Autonomie. Wenn man sein Mitgefühl und seine Liebe zu anderen wirken läßt, wird man sie finden. Die Mannigfaltigkeit der Wege zu ihr entspricht der Einzigartigkeit des einzelnen. Deswegen muß man seinen Weg alleine finden. Begleitung und Freunde sind dabei nötig, aber die Verantwortung für die Wahl des Weges muß die eigene sein. Auf diesem Weg gibt es kein »you take care of me« (sorge du für mich). Man muß es wagen, das eigene Selbst zum Erleben zu bringen, um zu erfahren, daß die Angstgespenster, die im Wege stehen, eigentlich machtlos sind.

Es ist unser Schicksal, daß, wenn wir nie die Chance hatten, uns aufzulehnen, wir die Absurdität durchleben müssen, nie ein eigenes Selbst gelebt zu haben. »Wer nicht stirbt, eh' er stirbt, der verdirbt, wenn er stirbt«, sagte Jakob Böhme, ein Mystiker und Theosoph aus dem 16. Jahrhundert. Doch Rebellion allein macht noch keinen Menschen. Sie ist nur ein erster Schritt auf einem langen, schwierigen und nie endenden Weg zur Überwindung der Furcht vor der Freiheit, ein eigenes Selbst und ein menschliches Herz zu haben.

Anhang

Anmerkungen

[1] In diesem Buch stellt Liedloff die Lebensentwicklung der Yequana Indianer von Venezuela dar. Hier finden wir eine Kindesentwicklung vor, welche die vollen Möglichkeiten der menschlichen Entwicklung für Liebe und Lebendigkeit – nicht Macht und Tod – fördert. Das hier angegebene Beispiel dient als Vergleich zu unserer Kultur.

[2] Der Vorgang, durch den »Güte« und »Toleranz« zum Mittel der Unterdrückung und Kontrolle verwandelt werden, wird auf Seite 71 ff. weiter erörtert. Ich möchte hier nur Christopher Lasch (›Das Zeitalter des Narzißmus‹, 1980) zitieren. Er hebt hervor, wie auf gesellschaftlicher Ebene die Erscheinung der Toleranz ein zwingendes System der Kontrolle verbergen kann. Wenn ein Kind zum Beispiel nicht essen möchte, bringt man die Autorität des Arztes ins Spiel. Wenn es sich nicht gehorsam benimmt, wird der Psychiater oder Psychologe hinzugezogen, um dem Kind mit seinem »Problem« zu helfen. Auf diese Weise kann Autorität als »Freund« des Kindes dargestellt werden und »Eltern machen ihr eigenes Problem – den Ungehorsam – zu dem des Kindes«. Worauf ich ziele, ist jedoch die allgemeine Gewalttätigkeit, die im Menschen durch die Verstümmelung seiner Autonomie gefördert wird – ob durch direkte oder indirekte, bewußte oder unbewußte Mittel. Es ist eine Gewalttätigkeit ohne Zutritt zu ihren Beweggründen, und sie wächst überall. Wir finden sie in unseren Kindern, in unseren Schulen, und wenn wir gewillt sind, können wir ihren Ursprung erkennen. Der folgende Dialog kommt aus einer englischen Schule (Hirsch, 1972):

Die Lehrerin: »Wer kann mir über die IRA (Irish Republican Army) etwas sagen? Um was handelt es sich bei dem Konflikt in Nord-Irland?« – »Oh, die Katholiken hassen die Protestanten – können wir nicht was Interessanteres tun?« – »Wenn's euch nicht interessiert, warum unterstützt ihr die IRA?« – »Weil sie Bomben werfen und Sachen zertrümmern – Leute zerbomben – großartig!« Die Lehrerin schreibt: »Sie lieben die Gewalttätigkeit, nicht die Gerechtigkeit. Es sind ihre Eltern und Lehrer, die sie hassen, nicht die Protestanten ...« Hier ist ein Gedicht von einem ihrer Schüler:

Die Schule ist langweilig, die Schule ist verrückt
Bald werde ich abgehen, das macht mich froh.
Kein Fußball mehr, kein Spaß mehr.
Aber ich bereue nicht die Dinge, die ich tat.
Von Lehrern verprügelt, ist einem alles gleichgültig.
(Übersetzt von A. G.)

Dieses Gedicht läßt uns wissen, daß die tiefste Verletzung der Kinder unserer Epoche, überhaupt jener, die rebellieren, darin liegt, daß sie ihren Unterdrükkern beigetreten sind, indem sie ihre Fähigkeit verloren haben, ihren eigenen und des anderen Schmerz und Leid zu erfühlen. Das ist jedoch ein Unterschied: Statt für heuchlerische Werte treten sie für überhaupt keine Werte ein.

Ich danke Claus D. Eck dafür, daß er meine Aufmerksamkeit auf Pink Floyd's Lied ›The Wall‹ gelenkt hat. Es trifft die Heuchelei, die dieser Malaise zugrunde liegt:

Hush now baby, don't you cry
Mama's gonna make all of your
Nightmares come true
Mama's gonna put all of her fears into you
Mama's gonna keep you right here
under her wing
She won't let you fly but she might let you sing

[3] Das Konzept der »Kritischen Periode« (Critical Period, wie sie zum Beispiel von J. P. Scott, 1958, beschrieben worden ist) ist eine Erweiterung des ursprünglichen Konzepts, deren Grundidee jedoch immer noch mechanisch ist: Es gibt kritische Zeitpunkte in der Entwicklung, in denen, wenn die Stimulus-Situation günstig ist, entsprechende Verhaltensformen ausgelöst werden können. Wenn das nicht der Fall ist, entfällt die Verhaltensbildung. Daß der Organismus etwas mit dem Nichts-Lernen zu tun haben könnte, bleibt jedoch ausgeschaltet. Dagegen hat R. C. Davis (1957) in einem fast vergessenen Experiment gezeigt, daß die Reaktion den Stimulus aussucht! Diese Arbeit bestätigt und erweitert Piagets Vorschlag, daß ein Stimulus seine Bedeutung erst erhält, wenn er dem Schema eines inneren Prozesses entspricht (J. H. Flavell, 1963).

[4] W. McDougall (1928) war einer der ersten Psychologen, der sich mit der Empathie als Mittel der emotionellen Reaktion befaßte. Ein Faktum in der menschlichen wechselseitigen Begegnung (leider nur im negativen Sinne) bilden auch die Studien von S. Hygge (1976), der sich mit dem Messen des Hautwiderstandes während empathischer Vorgänge befaßt hat. Es ist interessant, daß Kenneth Clark (1980) in seiner Rede zur Annahme eines Preises der Amerikanischen Psychologischen Gesellschaft dafür plädierte, sich der Empathie als eines wichtigen Phänomens in der menschlichen Entwicklung wieder anzunehmen. Für unsere Zwecke ist die Empathie als direktes Erfühlen des emotionellen Zustands der anderen Person, durch den eigenen Muskel-(kinästhetischen)-Sinn, betont. Das, was einen Menschen von den eigenen emotionell betonten Muskelvorgängen trennt, trennt ihn demzufolge von der unmittelbaren Wahrnehmung des emotionellen Zustands eines anderen. Wenn für das Kleinkind völlig evidente Wahrnehmungen, zum Beispiel Ängstlichkeit oder Ungeduld der Mutter, von dieser verleugnet oder das Kind für die Äußerung seiner Wahrnehmung gar bedroht wird, so erhöht dies seine Hilflosigkeit derart, daß seine empathischen Einfühlungen ihm zur Last werden. Die Komplexität dieser Situation sehen wir in einer Variation dieses Vorgangs. In einer frühen psychoanalytischen Schrift beschreibt A. Stärke (1921) die widersprüchlichen und unintegrierbaren Empfindungen eines Säuglings, der an den durchs Stillen entzündeten Brustwarzen seiner Mutter saugt. Er erfährt im selben Moment *seine* Befriedigung und *ihren Schmerz*.

[5] Das Versagen vor dem Leben ist schon von M. Ribble (1943) und von E.Shaheen u.a. (1968) beschrieben worden. T. C. Schneirla (1959) zeigt die neurologischen Grundlagen dafür auf. Die Notwendigkeit eines andauernden Einströmens von niedrigen Stimulusintensitäten über die afferenten Nervenbahnen erhält und formiert zum Beispiel das metabolische Muster des Individuums. Im allgemeinen werden die Verschiedenheiten der Intensität des Stimuluszuflusses, dem Kleinkinder ausgesetzt sind, grundlegend für die Entwicklung grundsätzlicher Eigenschaften ihres späteren Erregbarkeitsniveaus (Denenberg, 1964).

[6] Die Unmöglichkeit, die Umwelt für die eigene Lage bewegen zu können, führt zur Vertiefung der Hilflosigkeit, die durch das Nichts-Lernen hervorgerufen wird. Die Hilflosigkeit, die sich aus der resultierenden Wirkungslosigkeit entwickeln kann, trägt wohl zur Verringerung der Vitalität des Organismus bei. M. A. Visintainer u.a. (1982) zeigen, daß der Widerstand gegen Tumoren bei Ratten bedeutend reduziert wurde, wenn diese Tiere den Streß, dem sie ausgesetzt waren, nicht zu umgehen lernen konnten. (Es wurde ihnen unmöglich gemacht, elektrischen Schocks auszuweichen.) Interessant ist eine frühere Arbeit von L. S. Sklar und H. Anisman (1979), der zufolge *längere* Erfahrung mit solchen Schocks, den Widerstand gegen Tumoren wieder verstärkte. Hier haben wir vielleicht ein Beispiel der »Anpassung« an die Hilflosigkeit?

[7] N. R. F. Maier und T. C. Schneirla (1942) betonen, daß das Kontiguitätslernen (Pawlows S-R) für das frühe Entwicklungsstadium primär ist. Jedoch muß selektives Lernen postuliert werden, um die wechselnden Beziehungen zwischen Handlung und Stimulus und endogener Kondition zu erklären.

[8] Solange wir am Begriff der Schizophrenie als eines Konzepts, dessen Wert auf differentialdiagnostische Bestimmung zielt, festhalten, werden wir ihn nicht zu einer umfassenderen Sicht der Frage des Menschseins ausdehnen können. Das jedoch ist mein Bemühen. Gaetano Benedetti (1972, 1976, 1983, 1983) hat Fundamentales dazu beigetragen, daß die Tore unseres Verständnisses erweitert wurden. Seine Arbeiten sind nicht nur geprägt von der Brillanz seiner Formulierungen und der Tiefe seines Verständnisses für den Schizophrenen, sondern auch von einer außerordentlichen Liebe für den leidenden Menschen. Es ist dieses tiefe Mitleid – »a compassion without pity« (eine Liebe für den Mitmenschen ohne Beimischung verschmälernder Bemitleidung) –, wodurch er unser Bewußtsein erweitert. Seine wissenschaftlichen Arbeiten sind der Beweis dafür, daß es nicht nur das scharfe Denken allein, sondern die Liebe ist, welche zur echten Erkenntnis der menschlichen Lage führt. Deswegen überschreitet er (im transzendenten Sinne) die Begrenzung meist großangelegter Forschungen auf diesem Gebiet, die, indem sie das Erleben des Schizophrenen zerstückeln, die Gesamtheit seiner uns konfrontierenden Angaben zerstören. Gustav Bychowski (1966) sprach auch oft von Eugen Bleuler, dessen Schüler er während des Ersten Weltkrieges war und dessen Hinweisen auf die moralische Prägung der Schizophrenie, ihren Wahrheitsdrang. Das alles bringt uns dem erweiterten Sinn des Begriffs »Schizophrenie« wesentlich näher. Das Schizophrene ist Endresultat eines *Ringens mit* und nicht der *Anpassung an* das Unmenschliche in unserem Leben. Dadurch kann

uns das Studium der Schizophrenie und des schizoiden Zustandes Eintritt in die Anatomie des Selbst ermöglichen. Das ist auch u. a. J. Henrys (1963, 1965), R. D. Laings (1959) und M. Siiralas (1961) Ansicht. Ein Beispiel dieser Erweiterung des Begriffs der Schizophrenie stellt auch die brillante Auslegung des Psychoanalytikers W. V. Silverberg von Rainer Maria Rilkes ›Die Weise von Liebe und Tod des Cornets Christoph Rilke‹ dar. An Hand dieses Prosa-Gedichts zeigt Silverberg (1947), wie die Hilflosigkeit, die zur Verneinung der bedrohenden Welt führte, sich in eine eigentliche Bestätigung einer allumfassenden und enthaltenden Psyche verwandelt (wie man sie bei Schizophrenen finden kann). Im Gedicht erlebt der umzingelte Held die auf ihn niederschlagenden blitzenden Säbel der Heiden als einen lachenden, auf ihn niederrieselnden Wasserbrunnen. Dieses »schizoide Manöver« (Silverberg) ist aber ein mehr oder weniger großer Aspekt jeder menschlichen Beziehung; denn die Furcht vor der Individualität des anderen stammt aus den frühkindlichsten Erfahrungen, als wir »liebenden« Erwachsenen ausgesetzt waren, deren Versuch, uns ihren Willen aufzusetzen, uns mit dem Erlöschen des eigenen keimenden Selbst bedrohte.

[9] F. M. Alexander litt an Sprachstörungen, die fast zum Verlust seiner Stimme führten. Während langer, qualvoller Jahre arbeitete er an sich, um seine Muskulatur in Haltung und Bewegung zu verbessern. Als er das erreicht hatte, bekam er auch seine Stimme wieder unter Kontrolle. Seine Methode lehrt, wie falsche Bewegungsgewohnheiten abgelegt werden können (Alexander, 1910, 1932).

[10] Es ist interessant, daß Paulo Freire (1970, 1972) in seiner Studie über die Unterdrückten feststellt: »Die Unterdrückten haben das Image des Unterdrückers internalisiert.« Als Revolutionären wird ihnen der Austausch der Rollen zum Ziel, nicht aber eine authentische Existenz.

[11] In Millers Text ist klar, daß er mit *Mutter* auch die Gesellschaft meint. Die Zitate sind von mir aus der englischen Ausgabe übersetzt worden, weil die deutsche literarisch, aber nicht psychologisch, korrekt ist.

[12] Es ist interessant, daß V. J. Lenin in ›Der Linke Radikalismus. Die Kinderkrankheit im Kommunismus‹ (1920) die infantile Natur solcher Forderungen als Abhängigkeit erkannte. Er schrieb: »Sie verwechseln Wunschdenken mit Tatsachen«, sie »führen Ungeduld als theoretisches Argument an«.

[13] Anna Freuds Konzept der Identifikation mit der Aggression (1946) ist relevant. Sie zielt auf die Abwehrfunktion solcher Identifikation. Ich betone, wie sehr solche Identifikation gegen den eigenen möglichen Kern gerichtet ist.

[14] Der englische Politologe R. V. Sampson (1966) schildert in seiner Studie der Psychologie der Macht diesen Vorgang mit moralischer Kraft und Tiefe. Er dokumentiert in Biographien, wie der Ehrgeiz vieler erfolgreicher Männer Ausdruck des Machtstrebens ihrer Mutter ist.

[15] In Liedloffs (1980) Studie über die Yequana sehen wir auch die Fähigkeit, die Wirklichkeit anderer anzuerkennen, was Wissenschaftlern öfter nicht möglich ist. Ihre eigene Ideologie des Seins verhindert das Sehen. Da Liedloff nicht mit den »Fach-Augen« der Anthropologen zu den Yequanas kam, war sie frei, diese Menschen zu erleben.

[16] Antill und Cunningham (1979) haben beschrieben, wie Frauen Selbstachtung auf »männliche« Triebe bauen. Die Autoren, selber in diesem Mythos befangen, nehmen ihr Forschungsresultat als grundsätzliche Selbstachtung an, anstatt daß es eben eine gewisse ehrgeizige Schicht von Frauen widerspiegelt. Daß es Verrat am eigenen Sein oder Verhüllung der Feindseligkeit durch Identifizierung mit dem Mann repräsentieren kann, davon wissen sie nichts.

[17] Die sogenannte »Checkers Speech«, 1952. Nixon war von seinen eigenen Worten so gerührt, daß er selber weinte (Halberstam, 1979). Es ist, wie ich es beschreibe: Wirkliches Leid irritiert, »dagegen ein trügerisches Manöver, wie tränennasse Augen«, erfüllt Menschen mit der »Macht« ihrer »Großzügigkeit«. Sie fühlen sich erhoben im selben Moment, in dem sie die Wahrheit und ihr eigenes Leben verleumden. Und so wurde diese TV-Rede zum bestimmenden Erfolg seiner Vize-Präsidenten-Wahl 1952.

[18] Die Zitate sind aus Elaine Pagels ›Versuchung durch Erkenntnis: Die Gnostischen Evangelien‹ (1981), eine scharfsinnige Bibelforschung über die Nag-Hammadi-Funde im Jabal al-Tárif des Oberen Ägypten, wo 1945 die fast 2000 Jahre alten Schriften der Gnostiker gefunden wurden.

[19] Jean Liedloff (1980) schreibt in ihrer Studie über unser menschliches Versagen über dieses ungestillte Verlangen: »Dieser Zustand mag, obwohl er sein Leben lang anhalten wird, unbemerkt bleiben – aus dem einfachen Grund, daß es sich keine andere Art der Beziehung von Selbst zu anderen vorstellen kann.« Das stimmt aber nicht hinsichtlich des Lernens von Macht.

[20] Folgende Arbeiten sind grundlegend: Blechschmidt (1976); Hebb (1958); Kuo (1932a, b, c, d, e, 1963); Lehrman (1953, 1965); Schneirla (1949, 1956, 1959, 1965).

[21] Ribble (1943); Spitz und Wolf (1946).

[22] Grunebaum u. a. (1960); Heron u. a. (1953); Lilli (1956).

[23] Der Begriff »Kultur« wird hier in der angelsächsischen und soziologischen Bedeutung verwendet. Der deutsche bildungsbürgerliche Begriff umfaßt einen weiteren idealistischen und historischen Bedeutungshorizont, der im restriktiveren Sinn von *culture* nur teilweise enthalten ist.

[24] Eine Umschreibung Henry Millers: »Pfeile der Sehnsucht nach dem anderen Ufer« in seiner Studie ›Vom Großen Aufstand‹ (1954) über Rimbaud.

[25] Aronson und Rosenbloom (1971) beobachteten, daß Säuglinge schon mit dreißig Tagen Schmerz und Leid ausdrückten, wenn sie mit einer Diskrepanz im Wesen der Mutter konfrontiert wurden. Indem die Stimme der Mutter von woanders herkam als aus der Richtung, in der sie gesehen wurde, wurde die Einheit der Perzeption des Säuglings verletzt. Seine entsprechende Unruhe und Irritation ist der Beweis für eine ursprüngliche, einheitliche Einstellung und ein ihr entsprechendes Bedürfnis nach Integration.

[26] Albert Speers Autobiographie (›Erinnerungen‹, 1969) ist ein Beispiel für die Art Mensch, die weiß, was zu fühlen ist, aber eigentlich nichts fühlt. Matthis Schmidt (1982) hat Speers wirkliche Persönlichkeit entlarvt. Wie erfolgreich Speer in seiner Image-Manipulation war, wird anhand seines Nachrufs am 2. September 1981 in der ›*New York Times*‹ ersichtlich. Hier wurde seine *Humanität* gerühmt. Friedrich Percyval Reck-Malleczewen jedoch, ein konservativer Deutscher, der 1945 von der Gestapo ermordet wurde, schrieb

über ihn als einen Mann, »der in seiner konstruktiven Visage diese widerlich mechanistische Bubenseele seiner Generation offenbart« (1971). Er erkannte das Seelenlose eines Angepaßten ohne eigenes Selbst. Ähnlich beschreibt Fest (1963) Martin Bormann: »... kein einziges Ereignis in (seinem) Leben trägt die Marke einer Individualität.«

[27] M. Maccoby (1979) zeigt solche Zusammenhänge in seiner Beschreibung der heutigen Großindustriemanager auf, unterläßt es aber, die Konsequenzen zu ziehen, da er selbst in hohem Ausmaß mit Macht und Erfolg identifiziert ist. James Fallows (1981), der frühere Chef-Speechwriter Präsident Carters, beschreibt solche Menschen in der heutigen Politik Amerikas in seiner Studie über die amerikanische Armee. Vgl. hierzu auch seinen Aufsatz (›Materialbeschaffung statt Verteidigung‹, 1981) und die Bemerkungen Admiral Rickovers (1982). Die Arbeit über die Flugzeugindustrie von John Newhouse im ›New Yorker‹ (1982) schildert ebenfalls Menschen, deren »Wirklichkeit« einem unwirklichen Selbst entspricht. Da diese aber dem Mythos des Erfolgs angepaßt sind, wird ihr Verhalten nicht durchschaut. Das hat leider Konsequenzen für uns alle. Auf dem Gebiet der Wissenschaft möchte ich nur den Betrug und das Plagiat in der medizinischen Literatur erwähnen, der in den USA ans Licht kam (Science 1980, 1982): Als eine Ärztin und Wissenschaftlerin, deren Artikel von dem Redakteur einer medizinischen Zeitschrift gelesen und abgelehnt wurde, um dann von ihm unter seinem eigenen Namen zu erscheinen, sich beklagte, wurde sie zuerst von anderen Professoren und Redakteuren als kleinlich bezeichnet. Jemand, der zweihundert Artikel innerhalb einer Dekade publiziert hatte und den Täter beschützte, muß ja im Recht sein! Das schlimmste dabei war, daß die akademischen Institutionen, verwickelt in diesen Fall, diese Art von Betrug rechtfertigten, indem sie es dem Druck, erfolgreich zu sein, zuschrieben! Man kann das natürlich verstehen, wenn wir sehen, wie sehr *Image* den Platz wahrer Gefühle eingenommen hat. Der neue Präsident der Amerikanischen Wissenschaftlichen Gesellschaft (AAA) wurde seinen Mitgliedern in ihrer wöchentlichen Zeitschrift (Science, 1980) auf folgende Weise vorgestellt: Wir lesen, daß dieser Mann nicht nur Professor und Leiter eines Universitätsdepartements ist, sondern darüber hinaus Vorsitzender eines nationalen Komitees, das zweihundert anderen Wissenschaftlern vorsteht, Vorsitzender mehrerer internationaler wissenschaftlicher Komitees, Berater verschiedener Regierungsvertretungen, Fachberater einiger Laboratorien, außerordentlicher Herausgeber von *sechs* internationalen wissenschaftlichen Zeitschriften ist und daß er im Vorstand mehrerer bedeutender Industrieunternehmen sitzt. Dann am Ende dieses erschöpfenden Berichts wird uns versichert, daß diesem Mann noch *»Raum«* für Familienleben und Vergnügen bleibt. Mit so einer Image-Bezogenheit, ist es da ein Wunder, daß wir die Menschen ohne Selbst und ohne wahre Gefühle nicht erkennen?

[28] Man muß Miller so verstehen, daß er Mutter und/oder Vater meint, daß der Vater zum Symbol der schlechten Mutter wird und später zu dem der verweigernden und verneinenden Gesellschaft.

[29] Der Historiker Erich Kahler (1956) legt nahe, daß des Apostel Paulus Bekehrung, durch die sich sein Haß gegen das Christentum plötzlich gegen das jüdische Gesetz wendete, eine solche Wende gegen das vorige Selbst war.

[30] Das ist tatsächlich auch bei Psychopathen der Fall. Hier werden die Formen der geistigen Gesundheit zum Deckmantel der inneren zerstörerischen Wut, die man aber nur dann wahrnimmt, wenn sie plötzlich und *unerwartet* ausbricht. Wenn jemand jedoch an der Macht ist, wird man ihn kaum als Psychopathen etikettieren. Der amerikanische Psychiater Hervey Cleckley (1964) beschrieb diesen, vom Beobachter meist verschleierten Vorgang, in einer Studie mit dem bezeichnenden Titel ›Unter der Maske der geistigen Gesundheit‹.

[31] Learned Hand, der Ober-Richter des Berufungsgerichtes der USA, in seinem Freispruch von Judith Coplon, die von der Regierung ihrer Ideen wegen des Verrats angeklagt wurde (United States v. Coplon, United States Court of Appeals, Second Circuit, 1950).

[32] Wenn das offizielle Selbst nicht mehr funktioniert, wenn die Versprechungen, die Identität garantieren, unter dem Druck außerordentlicher Zerrüttungen auseinanderfallen (wie es zum Beispiel Norman Cohn, 1961, für das Mittelalter und den Schwarzen Tod beschrieb und wie es heutzutage, im Zeitalter der allgegenwärtigen Bedrohung alles Lebens durch Atomwaffen und der allgemeinen wirtschaftlichen Auflösung, vor sich geht), dann revoltiert man *gegen* die gewaltsam auferlegten Formen. Nur von den untersten auf der Hierarchieleiter jeglicher Macht können wir noch die Wahrheit des ganzen Vorgangs erfahren, da sie am wenigsten vom Widerspruch ihrer Lage ein Bewußtsein haben. Marie Luise Kaltenegger (1982) zeichnet in Gesprächen mit Somozas Nationalgardisten in einem Gefängnis in Nicaragua diese Selbsts ohne Ich auf. Ein Ausbilder der früheren Mord-Einheit EEBI beschreibt das Training: »Damit einer gehorchen lernt, bringen sie ihn dazu, demütigende Dinge zu tun. Sich hinzustellen zum Beispiel und auf Befehl wie ein Schaf zu blöken ... Daß ihm die ganze Truppe in den Arsch tritt ... Bis er begriffen hat, daß er keine Fragen zu stellen hat ...« und von einem der Ausgebildeten: »Ich bin klein und mager. Bevor ich zur Nationalgarde ging, hatte ich vor allem und jedem Angst ... (heute) habe ich keine Angst, das ist das wichtigste ... Das nenne ich einen Mann.« Ein anderer: »Ich hatte keine Schuhe ... In der Armee geben sie dir eine Uniform, Stiefel, Essen, ein Bett. Mir gefiel es beim Militär. Die Nationalgarde war schon in Ordnung.« Auf die Äußerung, daß das Volk sagt, die Nationalgarde sei ein korrupter Mörderhaufen gewesen: »Das Volk ist ein Scheißdreck. Das Volk lügt. Gestern war es für Somoza, heute ist es für die Sandinisten. Das, was das Volk sagt, zählt nicht.« Über die Tatsache, daß die gefangenen Somoisten nicht hingerichtet wurden: »... ich verstehe es nicht. Warum (belasten sie sich) mit Tausenden von Todfeinden? Ich finde, die Sandinisten haben nichts begriffen ... Es sind eben Zivilisten.« Also, wenn man menschlich ist, ist man ein weicher Idiot! Das geht ihm gegen den Strich, denn es konfrontiert ihn mit seiner eigenen verworfenen Menschlichkeit.

Literaturverzeichnis

Alexander, F. M., 1910, *Man's Supreme Inheritance*; London: Chaterton

–, 1932, *The Use Of The Self*; Manchester: Re-Educational Publ.

Arendt, H., 1963, *Eichmann in Jerusalem*; München: Piper.

Antill, J. K./Cunningham, J. D., 1979, *Self-Esteem as a Function of Masculinity in Both Sexes,* in: Journal of Consulting and Clinical Psychology, 4.

Aronson, E. and Rosenbloom, S., 1971, *Space Perception in Early Infancy: Perception within a Common Auditory-Visual Space,* in: Science, 172.

Ascherson, N., 1983, *The ›Bildung‹ of Barbie,* in: New York Review of Books, November 24.

Ashton-Warner, S., 1963, *Teacher*; New York: Simon & Schuster.

Ball, H., 1970, *Zur Kritik der deutschen Intelligenz,* neu bearbeitet von G. Kaltenbrunner; München: Rogner & Bernhard (erste Auflage 1918).

Baumann, B., 1975, *Wie alles anfing*; München: Trikont Verlag.

Benedetti, G., 1973, *The Irrational In The Psychotherapy Of Psychosis,* in: Journal American Academy of Psychoanalysis, I.

–, 1976, *Der Geisteskranke als Mitmensch*; Göttingen: Vandenhoeck & Ruprecht.

–, 1983, *Possibilities and Limits of Individual Psychotherapy of Schizophrenic Patients,* in: Psychosocial Intervention in Schizophrenia, Hrsg. H. Stierlein, L. C. Wynne/M. Wirsching, Berlin: Springer.

–, 1983, *Todeslandschaften der Seele*; Göttingen: Vandenhoeck & Ruprecht.

Bernfeld, S., 1962, *On Psychoanalytic Training,* in: Psychoanalytic Quarterly, 31.

Bettelheim, B., 1958, *Individual and Mass Behavior in Extreme Situations,* in: Readings in Social Psychology, Hrsg. E. Maccoby; New York: Holt, Rinehart and Winston.

–, 1961, *The Informed Heart: The Human Condition in Modern Mass Society*; London: Thames & Hudson.

Birch, H. G., 1945, Unveröffentlicht, zitiert bei T. C. Schneirla, *Interrelationships of the »innate« and the »acquired« in instinctive behavior,* in: L'Instinct dans le comportement des animaux et de l'homme; Paris: Masson 1956.

–, 1950, Vorlesung, 21. März 1950, Department der Post-Graduate Psychology, New York Universität.

Blackney, R., 1941, *Meister Ekkehardt,* New York: Harper & Row. Original in: Pfeiffer, F., *Meister Ekkehardt,* Band II *Deutsche Mystiker des Vierzehnten Jahrhunderts,* Leipzig: Göschensche Verlagshandlung 1857 (S. 169, Zeile 30: Et quaerebat videre Jesum . . .).

Blechschmidt, E., 1976, *Wie beginnt das menschliche Leben*; Stein am Rhein: Christiana Verlag.

Bone, E., 1957, *Seven Years Solitary*; New York: Harcourt Brace.

Bruner, J., Oliver, R., Greenfield, P. u. a., 1966, *Studies in Cognitive Growth*; New York: Wiley.

Butler, S., 1950, *The way of All Flesh*; New York: Random House. Erste englische Ausgabe 1903.
Bychowski, G., 1966, persönliche Mitteilung.
Byrd, R. E., 1938, *Alone*; New York: Putnam.
Clark, K., 1980, *Empathy, A Neglected Topic in Psychological Research*, in: American Psychologist, 35.
Cleckley, H., 1964, *The Mask of Sanity*, St. Louis: Mosby.
Cohn, N., 1961, *Das Ringen um das Tausendjährige Reich*, München: Francke.
Condon, W. S./Sander, L. W., 1974, *Neonate Movement is Synchronized with Adult Speech: Interactional Participation and Language Acquisition*, in: Science, 183.
Davis, R. C., 1957, *Differences in Response Patterns: Results and Problems*, in: Transactions New York Academy of Science, 19.
DeCasper, A. J./Fifer, W. P., 1980, *Of Human Bonding: Newborns Prefer Their Mother's Voices*, in: Science, 208.
Denenberg, V., 1964, *Critical periods, stimulus input, and emotional reactivity: A theory of infantile stimulation*, in: Psychological Review, 71.
DesPres, T., 1976, *The Survivor;* New York: Oxford University Press.
Deutsch, H., 1934, *Über einen Typus der Pseudoaffektivität* (»Als ob«), in: Internationale Ztschr. f. Psychoanalyse, XX.
–, 1942, *Some Forms Of Emotional Disturbance And Their Relationship To Schizophrenia*, in: Psychoanalytic Quarterly, 11.
Dinesen, I., 1937, *Out of Africa*; New York: Random House. (Tania Blixen: Afrika, dunkel lockende Welt; dt. Übersetzung 1938).
Djilas, M., 1958, *Land without Justice*; New York: Harcourt, S. 212.
Erdheim, M., 1981, *Nach aller Regel*, in: Kursbuch, 63.
Erikson, E., 1958, *Young Man Luther*; New York: Norton.
–, 1964, *Inner and outer space: Reflections on womanhood*, in: The woman in America, Hrsg. R. Lifton; Boston: Houghton Mifflin.
Fallows, J., 1981, *The Great Defense Deception*, in: The New York Review of Books, 28. Mai.
–, 1981, *Materialbeschaffung statt Verteidigung*, in: Tages Anzeiger Magazin, 29. August.
Farber, L., 1966, *The Ways Of The Will*; New York: Basic Books.
Feldenkrais, M., 1949, *Body and Mature Behavior*; New York: Int. Universities Press.
–, 1972, *Awareness Through Movement*; New York: Harper. (Dt.: Bewußtheit durch Bewegung; Frankfurt: Insel 1968).
–, 1977, *The Case of Nora*; New York: Harper. (Dt.: Abenteuer im Dschungel des Gehirns: Der Fall Doris; Frankfurt: Insel 1977).
Fest, J. C., 1963, *Das Gesicht des Dritten Reiches. Profile einer totalitären Herrschaft;* München: Piper.
Fester, R., König, M. E. P., Jonas, D. F./Jonas, A. D., 1979, *Weib und Macht*; Frankfurt: Fischer.
Flavell, J. H., 1963, *The Developmental Psychology of Jean Piaget*; New York: Van Nostrand.

Frankl, V. E., 1982, *... trotzdem Ja zum Leben sagen. Ein Psychologe erlebt das Konzentrationslager*; München: dtv.
Freire, P., 1970, *Cultural Action For Freedom*; Harvard University: Harvard Educational Review, Bd. 40, Nr. 3.
–, 1972, *Pedagogy of the Oppressed*; New York: Herder and Herder.
Freud, A., 1946, *The Ego and the Mechanisms of Defense*; New York: International Universities Press.
Frisch, M., 1972, *Tagebuch 1966–1971*; Frankfurt: Suhrkamp.
Fromm, E., 1941, *Escape from Freedom*; New York: Holt, Rinehart and Winston.
Fuller, J. L., 1967, *Experiential deprivation and later behavior,* in: Science, 158.
Gilman, C. P., 1978, *Die Gelbe Tapete*; Berlin: Frauenoffensive. (Amerikanische Originalausgabe: 1892).
Gorer, G., 1966, *Man has no »Killer« instinct,* in: The New York Times Magazine, 26. November.
Gruen, A., 1968, *Autonomy and Identification: The paradox of their opposition,* in: International Journal of Psycho-Analysis, 49.
–, 1969, *The Oedipal Experience and the Development of the Self,* in: Psychoanalytic Review, 56.
–, 1974, *The Discontinuity in the Ontogeny of Self: Possibilities for Integration or Destructiveness,* in: Psychoanalytic Review, 61.
–, 1976, *Autonomy and Compliance: The Fundamental Antithesis,* in: Journal of Humanistic Psychology, 16.
–, 1978, *On Abstraction: The Reduction and Destruction of Human Experience,* in: Journal of Humanistic Psychology, 18.
–, 1980a, *Lernen und Lebenslust: Unvereinbar?,* erschien als: Lernen ohne Anstrengung, in: Neue Zürcher Zeitung, 5./6. Juli.
–, 1980b, *Maternal Rejection and Children's Intensity,* in: Confinia Psychiatrica, 23.
Gruen, A./Hertzman, M., 1972, *Autonomy and Compliance,* in: Dynamische Psychiatrie, 16.
Grunebaum, H. U.,, Freedman, S. J./Greenblatt, M., 1960, *Sensory deprivation and personality,* in: American Journal of Psychiatry, 116.
Halberstam, D., 1979, *The Powers That Be*; New York: Knopf.
Hanley, W., 1964, *Slow Dance On The Killing Ground*; New York: Random House.
Harris, D., 1970, *Goliath*; New York: Avon.
Hebb, D. O., 1958, *The motivating effects of exteroceptive stimulation,* in: American Psychologist, 13.
Henry, J., 1963, *Culture Against Man*; New York: Random House.
–, 1965, *Pathways to Madness*; New York: Random House.
Heron, W., Bexton, W. H./Hebb, D. O., 1953, *Cognitive effects of a decreased variation in the sensory environment,* in: American Psychologist, 18.
Hirsch, M., 1972, Reportage in ›New Statesman‹ (London), 20. Oktober.
Höß, R., 1978, *Kommandant in Auschwitz,* hrsg. von M. Broszat; München: Deutscher Taschenbuch Verlag.

Hygge, S., 1976, *Emotional and electrodermal reactions to the suffering of another,* Dissertation, Uppsala, Acta Universitatis Upsaliensis, 2.
Jacoby, R., 1977, *Soziale Amnesie. Eine Kritik der konformistischen Psychologie seit Adler*; Frankfurt: Suhrkamp.
Kahler, E., 1956, *Man The Measure*; New York: Braziller.
Kaltenegger, M. L., 1982, *Als Soldat und brav,* in: Kursbuch, 67.
Kavanau, J. L., 1967, *Behavior of captive white feeted mice,* in: Science, 155.
Kempinski, A., 1973, *Lebensrhythmus (Rytm Życia*; Krakow: Wydawnictwo Literackie), übersetzt ins Deutsche von Dr. Th. Kostek, Zürich 1978, unveröffentlicht.
Kierkegaard, S., 1962, *The Present Age*; New York: Harper, S. 38. (Originalausgabe 1846).
–, 1954, *The Sickness unto Death*; New York: Doubleday, S. 213. (Die Krankheit zum Tode; Originalausgabe 1849).
Kohut, H., 1977, (Dt.: 1978), *Die Heilung des Selbst*; Frankfurt: Suhrkamp.
Krutch, J., 1954, *The Measure of Man*; New York: Bobbs-Merrill, S. 164.
Kuo, Z. Y., 1932a: *Ontogeny of embryonic behavior in Aves. I. The chronology and general nature of the behavior of the chick embryo,* in: Journal of Experimental Zoology, 61.
–, 1932b: *The mechanical factors in the various stages leading to hatching,* in: J. E. Z., 62.
–, 1932c: *The structure and evironmental factors in embryonic behavior,* in: Journal of Comparative Psychology, 13.
–, 1932d.: *The influence of embryonic movements upon the behavior after hatching,* in: J. C. P., 14.
–, 1932e: *The reflex concept in the light of embryonic behavior in birds,* in: Psychological Review, 39.
–, 1963, *Total patterns, local reflexes, or gradients of response?,* in: Proceedings 16th International Congress of Zoology, Washington, D. C., 4.
Kükelhaus, H., 1978, *Unmenschliche Architektur*; Köln: Gaia.
Laing, R. D., 1959, *The Divided Self*; London: Tavistock.
–, 1969, *Phänomenologie der Erfahrung*; Frankfurt: Suhrkamp.
Lasch, C., 1978, The Culture of Narcissism; New York: Norton. (Dt.: *Das Zeitalter des Narzißmus*; München: dtv.)
Latané, B./Darley, J.; 1969, *Bystander »Apathy«,* in: American Scientist, 57.
Lawrence, D. H., 1949, *The Rainbow*; Harmondsworth: Penguin. (Originalausgabe 1915.)
–, 1960, *Women in Love*; Harmondsworth: Penguin. (Originalausgabe 1921.)
Lehrman, D. S., 1953, *A critique of Konrad Lorenz's theory of instinctive behavior,* in: Quarterly Review of Biology, 28.
–, 1965, *Interaction between internal and external environments in the regulation of the reproductive cycle of the ring dove,* in: Sex and Behavior, Hrsg. F. A. Beach; New York: Wiley.
Lenin, V. I., 1920 (1973), *Der ›Linke Radikalismus‹. Die Kinderkrankheit im Kommunismus*; Peking: Verlag Neuer Weg (deutschsprachige Ausgabe).
Liedloff, J., 1980, *Auf der Suche nach dem verlorenen Glück*; München: C. H. Beck.

Lilli, J. C., 1956, *Mental effects of reduction of ordinary levels of physical stimuli on intact, healthy persons,* in: Psychiatric Research Reports, 5.
Maccoby, M., 1979, *Die Neuen Chefs*; Hamburg: Rowohlt.
Maier, N. R. F./Schneirla, T. C., 1942, *Mechanisms in Conditioning,* in: Psychol. Rev., 49.
Manvell, R./Fraenkel, H., 1967, *The Incomparable Crime*; London: Heinemann.
Marcuse, H., 1967, *Der eindimensionale Mensch*; Neuwied: Luchterhand.
Mathieu, B., 1979, *Illuminations, Arthur Rimbaud. A New American Translation*; Brockport, N. Y.: BOA Editions.
McDougall, W., 1928, *Social Psychology*; London: Methuen.
Milgram, S., 1963, *Behavioral study of obedience,* in: Journal of Abnormal & Social Psychology, 67. (Dt.: Das Milgram Experiment zur Aufdeckung der Gehorsamkeitbereitschaft gegenüber Autorität; Reinbek: Rowohlt).
Miller, A., 1979, *Das Drama des begabten Kindes*; Frankfurt: Suhrkamp.
–, 1980, *Am Anfang war Erziehung,* Frankfurt: Suhrkamp.
Miller, H., 1956, *The Time of the Assassins*; New York: New Directions. (Dt.: Vom großen Aufstand; Reinbek: Rowohlt 1980.)
–, 1973, *Schwarzer Frühling*; Reinbek: Rowohlt.
Muhr, C., 1974, *Freundinnen,* München: Franz Schneekluth.
Nash, H. T., 1980, *The bureaucratization of homicide,* in: The Bulletin of the Atomic Scientists, 36.
Newhouse, J., 1982, *The Aircraft Industry – Part II,* in: The New Yorker, 21. Juni.
O'Neill, E., 1964, *More Stately Mansions*; New Haven: Yale University Press.
Ortega y Gasset, J., 1932, *Um einen Goethe von innen bittend,* in: Die Neue Rundschau (auch in: Buch des Betrachters; Stuttgart: DVA 1934).
Orwell, G., 1968, *The Collected Essays, Journalism and Letters of George Orwell,* Hrsg. Sonia Orwell/Ian Angus, Bd. IV, In Front of Your Nose; London: Secker and Warburg.
Pagels, E., 1979, *The Gnostic Gospels*; New York: Random House. (Dt.: *Versuchung durch Erkenntnis: Die gnostischen Evangelien*; Frankfurt: Insel 1981.)
Pawelczyńska, A., 1979, *Values and Violence in Auschwitz*; Berkeley: University of California Press.
Payne, R., 1962, *The Civil War in Spain*; New York: Premier Books.
Phillips, D. P., 1977, *Motor vehicle fatalities increase just after publicized Suicide Stories,* in: Science, 196.
–, 1978, *Airplane accident fatalities increase just after newspaper stories about murder and suicide,* Science, 201.
Reck-Malleczewen, F. P., 1971, *Tagebuch eines Verzweifelten*; Frankfurt: Fischer.
Ribble, M., 1943, *The Rights of Infants*; New York: Columbia University Press.
Rickover, H. G., 1982, *Advice from Admiral Rickover (Joint Economic Committee of Congress 28. Januar 1982),* in: The New York Review of Books, 18. März.

Robinson, J. M., 1977, *The Nag Hammadi Library*; New York: Harper. (Zitiert in Pagels, ibid.)
Roffwarg, H. P., Muzio, J. N./Dement, W. C., 1966, *Ontogenetic Development of the Human Sleep-Dream Cycle,* in: Science, 152.
Rosenblatt, J. S., 1978, *The basis of early responses to the mother, siblings, and the home and nest in the altrical young of selected species of subprimate mammals,* in: Institute of Animal Behavior, Rutgers University unpublished report.
Sampson, R., 1966, *The Psychology of Power*; New York: Pantheon.
Schmidt, M., 1982, *Albert Speer. Das Ende eines Mythos*; Berlin/München: Scherz.
Schneirla, T. C., 1949, *Levels in the psychological capacities of animals,* in: R. W. Sellars, V. J. McGill/M. Farber, *Philosophy for the Future;* New York: Macmillan.
–, 1956 (wie unter Birch, H. G.), *Interrelationships of the »innate« and the »acquired« in instinctive behavoir,* in: P.-P. Grassé. L'Instinct dans le comportement des animaux et de l'homme; Paris: Masson.
–, 1959, *An Evolutionary and Developmental Theory of Biphasic Processes Underlying Approach and Withdrawal,* in: M. R. Jones (Hrsg.), Nebraska Symposium on Motivation; Lincoln, Nebraska: University of Nebraska Press.
–, 1965, *Aspects of stimulation and organization in approach/withdrawal processes underlying vertebrate behavioral development,* in: D. S. Lehrman, R. Hinde/E. Shaw, Advances in the study of behavior; New York: Academic Press.
Scholl, I., 1977, *Die Weiße Rose*; Frankfurt: Fischer.
Science, 1980, *President Elect,* 22. Februar.
–, 1980, *Emergence of a Fraud,* 3. Oktober.
–, 1980, *A Top Job Lost,* 10. Oktober.
–, 1982, *Harvard Delays in Reporting Fraud,* 29. Januar.
–, 1982, *Coping with Fraud,* 29. Januar.
Scott, J. P., 1958, *Critical periods in the development of social behavior in puppies,* in: Psychosomatic Medicine, 20.
Shaheen, E. Alexander, D., Truskowsky, M./Barbero, J., 1968, *Failure to thrive: a retrospective profile,* in: Clinical Pediatry, 7.
Siirala, M., 1961, *Die Schizophrenie des einzelnen und der Allgemeinheit*; Göttingen: Vandenhoeck & Ruprecht.
Silverberg, W. V., 1947, *The schizoid maneuver,* in: Psychiatry, 10.
Skinner, B. F., 1972, *Jenseits von Freiheit*; Reinbek: Rowohlt.
Sklar, L. S./Anisman, H., 1979, *Stress and Coping Factors Influence Tumor Growth,* in: Science, 205.
Solschenizyn, A., 1972, *1970 Nobel Lecture*; Stockholm: Nobel Foundation.
–, 1973, *The Gulag Archipelago*; New York: Harper.
Spitz, R./Wolf, K. M., 1946, *The smiling response: a contribution to the ontogenesis of social relations,* in: Genetic Psychology Monographs, 34.
Speer, A., 1969, *Erinnerungen,* Berlin: Propyläen.

Stärke, A., 1921, *The castration complex,* in: International Journal of Psychoanalysis, 2.
Stillmann, E. O., 1970, *Civilian sanctuary and target avoidance policy in thermonuclear war,* in: Annals of the American Academy of Political and Social Science, 392.
Sullivan, J., 1927, *Beethoven*; New York: Knopf.
Szent-Györgyi, A., 1964, *Teaching and the expanding knowledge,* in: Science, 146.
Tinbergen, N., 1974, *Ethology and Stress Disease,* in: Science, 185.
Tuchman, B., 1971, *Stilwell and the American Experience in China*; New York: Macmillan.
Tucholsky, K., 1959, zitiert bei K. Schuls, *Kurt Tucholsky*; Reinbek: Rowohlt, S. 156.
Turnbull, C. M., 1961, *The Forest People*; New York: Simon & Schuster.
Vaillant, G. E., 1978, *Natural history of male psychological health. VI. Correlates of successful marriage and fatherhood,* in: American Journal of Psychiatry, 135.
Visintainer, M. A., Volpicelli, J. R./Seligman, M. E. P., 1982, *Tumor Rejection in Rats After Inescapable or Escapable Shock,* in: Science, 216.
von Holst, E./Mittelstaedt, H., 1950, *Das Reafferenzprinzip: Wechselwirkung zwischen Zentralnervensystem und Peripherie,* in: Naturwissenschaft, 37.
Vuorenkoski, V., Wasz-Höckert, O., Koivisto, E./Lind, J., 1969, *The effects of cry stimulus on the temperature of the lactating breast of primipara,* in: Experientia, 25.
Wald, G., 1969, *America's my Home. Not my business, my home,* in: Bulletin Of The Atomic Scientists, S. 29–31.
Wassermann, J., 1919, *Christian Wahnschaffe,* 2 Bde.; Berlin: Fischer.
White, T. H., 1975, *Breach of Faith: The Fall of Richard Nixon*; New York: Atheneum.
Whitehead, A., 1925, *Science and the Modern World*; New York: Macmillan.
Wieder, S., 1972, *The texture of early maternal experience: Maternal control and affect in relation to the second year of life,* Dissertation: City University of New York, University Microfilms No. 72-22333.
Wilson, C., 1956, *The Outsider*; New York: Houghton-Mifflin.
Wilson, E., 1965, *The Wound and the Bow*; New York: Oxford University Press.
Yarmolinsky, A., 1973, *The Letters of Anton Chekhov*; New York: Viking.
Zweig, S., 1974, *Schachnovelle*; Frankfurt: Fischer. (Originalausgabe 1941.)

Namenregister

Adorno, Th. W. 108
Arendt, H. 147
Alexander, F. M. 168
Anisman, H. 167
Antill, J. K. 169
Aronson, E. 169
Ascherson, N. 158
Ashton-Warner, S. 74
Astray, M. 70

Baez, J. 76
Ball, H. 73
Barbie, K. 158
Baumann, B. 40
Benedetti, G. 167
Bernfeld, S. 110
Bettelheim, B. 69
Birch, H. G. 121
Blackney, R. 77
Blechschmidt, E. 169
Bleuler, E. 167
Blixen, T. 54
Böhme, J. 161
Bone, E. 123
Bormann, M. 170
Bruner, J. 70f.
Butler, S. 85
Bychowski, G. 167
Byrd, R. E. 123

Cato 87
Chamberlain, A. N. 106
Christiane F. 72
Clark, K. 166
Cleckley, H. 72, 171
Cohn, N. 171
Condon, W. S. 24
Coplon, J. 171
Cunningham, J. D. 169

Darley, J. 55ff., 68
Darwin, Ch. R. 70
Davis, R. C. 166
DeCasper, A. J. 21
Dement, W. C. 117
Denenberg, V. 167
DesPres, T. 69
Deutsch, H. 72
Djilas, M. 159

Eck, C. D. 166
Eckhart (Meister Eckhart) 77
Eichmann, K. A. 147
Eisenhower, D. D. 105
Erdheim, M. 108
Erikson, E. 23f., 112

Fallows, J. 170
Farber, L. 32f.
Feldenkrais, M. 36ff.
Fest, J. 170
Fester, R. 87
Fields, W. C. 128
Fifer, W. P. 21
Flavell, J. H. 166
Fraenkel, H. 148
Frank, H. 147f.
Frankl, V. E. 69
Freire, P. 168
Freud, A. 168
Freud, S. 26f., 30, 45, 112f.
Frisch, M. 61f.
Fromm, E. 38
Fromm-Reichmann, F. 32
Fuller, J. L. 25

Genovese, K. 55
Gilbert, G. N. 147
Gilman, C. P. 63
Gorer, G. 83
Greenfield, P. 70f.
Gropius, W. 82
Gruen, A. 28, 30f., 37, 43, 103
Grunebaum, H. U. 169

Halberstam, D. 169
Hand, L. 171
Hanley, W. 127f.
Harris, D. 76
Hebb, D. O. 169
Hebbel, F. 18
Henry, J. 85, 168
Heron, W. 169
Hertzman, M. 30
Hesse, H. 107
Hirsch, M. 165
Hitler, A. 72, 106, 109, 147f.
Holst, E. von 36
Horkheimer, M. 108

Höß, R. 58
Hygge, S. 166

Ignatius (Bischof von Antiochien) 108f.
Irenaeus 109

Jacoby, R. 128
Jesus 109f.

Kafka, F. 155
Kahler, E. 170
Kaltenegger, M. L. 171
Kavanau, J. L. 29f., 54
Kempinski, A. 58, 68f.
Kierkegaard, S. 49, 149
Kohut, H. 26f.
Kokoschka, O. 82
Krutch, J. 53
Krylenko, N. W. 66f.
Kükelhaus, H. 120
Kuo, Z. Y. 169

Laing, R. D. 168
Lasch, C. 165
Latané, B. 55ff., 68
Lawrence, D. H. 50ff.
Lehrman, D. S. 169
Lenin, V. J. 168
Liedloff, J. 18f., 26f., 165, 168
Lilli, J. C. 169

Maccoby, M. 136, 170
Mahler, G. 82
Maier, N. R. F. 167
Manvell, R. 148
Marcuse, H. 59
Markus (Apostel) 109
Marx Brothers 125
Marx, Groucho 125f.
Mathieu, B. 157
Matthäus (Apostel) 109
McDougall, W. 166
Milgram, S. 41f., 57
Miller, A. 72
Miller, H. 39f., 75f., 156
Mittelstaedt, H. 36
Moulin, J. 158
Muhr, C. 107
Muzio, J. N. 117

Nash, H. T. 72
Newhouse, J. 170
Nietzsche, F. 160
Nixon, R. 65, 67, 105, 169

Oliver, R. 70f.
O'Neill, Eugene 101f.
Ortéga y Gasset, J. 85
Orwell, G. 127, 155

Pagels, E. 108, 110, 169
Paulus (Apostel) 170
Pawelczysnka, A. 68f.
Payne, R. 70
Petrus (Apostel) 109
Phillips, D. P. 122
Piaget, J. 166
Proust, M. 34, 38, 111f.

Reck-Malleczewen, F. P. 169
Ribble, M. 167, 169
Rilke, R. M. 168
Rimbaud, A. 39f., 156f., 160
Roffwarg, H. P. 117
Rosenblatt, J. S. 24
Rosenbloom, S. 169

Sampson, R. 43, 168
Sander, L. W. 24
Schindler, A. 82
Schmidt, M. 169
Schneirla, T. C. 25, 167, 169
Scholl (Geschwister) 107
Scholl, I. 107
Scott, J. P. 166
Shaheen, E. 167
Siirala, M. 168
Silverberg, W. V. 168
Skinner, B. F. 21, 54f., 120
Sklar, L. S. 167
Solschenizyn, A. 67, 159
Sophokles 46
Speer, A. 148, 169
Spitz, R. 169
Stalin, J. 106, 109
Stärke, A. 166
Stevenson, A. S. 105
Stillmann, E. O. 66
Sullivan, J. 53
Szent-Györgyi, A. 73

Tertullian 108f.
Thomas (Apostel) 109
Tinbergen, N. 35ff.

Traven, B. 155
Tschechow, A. 30f.
Tschiang Kai-schek (Madame) 44
Tuchman, B. 44
Tucholsky, K. 105f.
Turnbull, C. M. 83, 93

Unamuno, M. de 70

Vaillant, G. E. 103
Visintainer, M. A. 167
Vuorenkoski, V. 21

Wald, G. 54f.
Wassermann, J. 145ff.
Werfel, F. 82
White, T. H. 105
Whitehead, A. 52
Wieder, S. 71
Wilson, C. 63
Wolf, K. M. 169

Yarmolinsky, A. 31

Zweig, S. 124

Arno Gruen im dtv

»Arno Gruen ist der erste Psychoanalytiker, der von Nietzsche geschätzt worden wäre.«
Henry Miller

Der Verrat am Selbst
Die Angst vor Autonomie bei Mann und Frau
dtv 35000

Heute aktueller denn je: der Begriff der Autonomie, der nicht Stärke und Überlegenheit meint, sondern die volle Übereinstimmung des Menschen mit seinen eigenen Gefühlen und Bedürfnissen. Ein Buch, das eine Grunddimension menschlichen Daseins erfaßt.

Der Wahnsinn der Normalität
Realismus als Krankheit: eine grundlegende Theorie zur menschlichen Destruktivität
dtv 35002

Arno Gruen legt die Wurzeln der Destruktivität frei, die sich nicht selten hinter vermeintlicher Menschenfreundlichkeit oder »vernünftigem« Handeln verbergen. Er führt vor Augen, daß dort, wo Innen- und Außenwelt auseinanderfallen, Verantwortung und Menschlichkeit ausbleiben.

Der Verlust des Mitgefühls
Über die Politik der Gleichgültigkeit
dtv 35140

Solange Schmerz und Leid zu empfinden als Schwäche gilt, ist unser Menschsein verarmt und unvollständig. Das Buch entwickelt Wege, wie wir uns der Politik der Gleichgültigkeit bewußt werden und einen Ausweg aus der Sackgasse zu immer mehr Gewalt und weniger Mitgefühl finden können.

Verena Kast im dtv

Verena Kast verbindet auf einfühlsame und auch für Laien verständliche Weise die Psychoanalyse C. G. Jungs mit konkreten Anregungen für ein ganzheitliches, erfülltes Leben.

Der schöpferische Sprung
Vom therapeutischen Umgang mit Krisen
dtv 35009

Wir sind immer unterwegs
Gedanken zur Individuation
dtv 35158

Imagination als Raum der Freiheit
Dialog zwischen Ich und Unbewußtem · dtv 35088

Die beste Freundin
Was Frauen aneinander haben · dtv 35091

Die Dynamik der Symbole
Grundlagen der Jungschen Psychotherapie · dtv 35106

Freude, Inspiration, Hoffnung
dtv 35116

Neid und Eifersucht
Die Herausforderung durch unangenehme Gefühle
dtv 35152

Der Schatten in uns
Die subversive Lebenskraft
dtv 35160

Märcheninterpretationen

Vom gelingenden Leben
Märcheninterpretationen
dtv 35157

Mann und Frau im Märchen
Eine psychologische Deutung
dtv 35001

Wege zur Autonomie
dtv 35014

Wege aus Angst und Symbiose
Märchen psychologisch gedeutet
dtv 35020

Märchen als Therapie
dtv 35021

Familienkonflikte im Märchen
Eine psychologische Deutung
dtv 35034

Glückskinder
Wie man das Schicksal überlisten kann
dtv 35154

C.G. Jung – Taschenbuchausgabe

Herausgegeben von Lorenz Jung
11 Bände in Kassette dtv 59049
Auch einzeln erhältlich

Die Beziehungen zwischen dem Ich und dem Unbewußten
dtv 35170
Ein Überblick über die Grundlagen der Analytischen Psychologie

Antwort auf Hiob
dtv 35171
In diesem Spätwerk wirft Jung Grundfragen der religiösen Befindlichkeit des Menschen auf.

Typologie
dtv 35172
Die vier "Funktionen" der Jungschen Typenlehre – Denken, Fühlen, Empfinden und Intuition.

Traum und Traumdeutung
dtv 35173

Synchronizität, Akausalität und Okkultismus
dtv 35174
Jungs Beschäftigung mit dem Okkulten, auf der Suche nach den Tiefendimensionen des Unbewußten

Archetypen
dtv 35175

Wirklichkeit der Seele
dtv 35176
Eine Aufsatzsammlung zum Thema Analytische Psychologie.

Psychologie und Religion
dtv 35177
C.G. Jung beschreibt Religion als eine der ursprünglichsten Äußerungen der Seele gegenüber dem Göttlichen.

Die Psychologie der Übertragung
dtv 35178
Die Übertragung, ein Zentralbegriff der Analytischen Psychologie.

Seelenprobleme der Gegenwart
dtv 35179
Eine Aufsatzsammlung.

Wandlungen und Symbole der Libido
dtv 35180
Das zentrale Werk, mit dem sich C.G. Jung von Sigmund Freud löste.

Psychologie – Analyse – Therapie

Kathrin Asper
Verlassenheit und Selbstentfremdung
Neue Zugänge zum therapeutischen Verständnis
dtv 35018

Verena Kast
Märchen als Therapie
dtv 35021

Arnold Lazarus, Allen Fay
Ich kann, wenn ich will
Anleitung zur psychologischen Selbsthilfe
dtv 36109

Frederick S. Perls, Ralph F. Hefferline, Paul Goodman
Gestalttherapie
Grundlagen · dtv 35010
Praxis · dtv 35029

Peter Schellenbaum
Die Wunde der Ungeliebten
Blockierung und Verlebendigung der Liebe
dtv 35015

Peter Schellenbaum
Nimm deine Couch und geh!
Heilung mit Spontanritualen
dtv 35081

Christine Schmid-Fahrner
Spielregeln der Liebe
Integrativ systemische Paartherapie
dtv 35143

Jürgen Straub, Wilhelm Kempf, Hans Werbik (Hg.)
Psychologie
Eine Einführung
Grundlagen, Methoden, Perspektiven
dtv 36204

Jürgen Straub
Hans Werbik
Alexander Kochinka
Psychologie in der Praxis
dtv 36183

Annegret Wiesenberg
Hypnose öffnet Türen
Ein Therapiebericht
dtv 35150

Polly Young-Eisendraht
Die starke Persönlichkeit
Quellen der Lebenskraft
dtv 35141

Liebe – Ehe – Partnerschaft

Regina Barreca
Süß ist die Rache
Von der Lust abzurechnen
dtv 24131

Barbara Berckhan
Die etwas gelassenere Art, sich durchzusetzen
Ein Selbstbehauptungstraining für Frauen
dtv 36228

Alexandra Berger, Andrea Ketterer
Warum nur davon träumen?
Was Frauen über Sex wissen wollen · dtv 20017

Deepak Chopra
Lerne lieben, lebe glücklich
Der Weg zur spirituellen Liebe · dtv 36170

Theresa L. Crenshaw
Die Alchemie von Liebe und Lust
Hormone steuern unser Liebesleben · dtv 36117

Klaus Fritz
Ein Sternenmantel voll Vertrauen
Märchenhafte Lösungen für alltägliche Probleme
dtv 36120

Erich Fromm
Die Kunst des Liebens
dtv 36102

Evan Imber-Black
Die Macht des Schweigens
Geheimnisse in der Familie
dtv 36223

Karin Jäckel
Die Frau an seiner Seite
»Nur«-Hausfrauen im Spiegel des Feminismus
dtv 36053
Der gebrauchte Mann
Abgeliebt und abgezockt – Väter nach der Trennung
dtv 36200

Klaus Koch
Bärbel Schwertfeger
Zu zweit am Ende
Phasen der Trennung
dtv 36084

Arnold Lazarus
Fallstricke der Liebe
Vierundzwanzig Irrtümer über das Leben zu zweit
dtv 36185

Joseph LeDoux
Das Netz der Gefühle
Wie Emotionen entstehen
dtv 36253

Liebe – Ehe – Partnerschaft

Dr. Love
Liebe, Sex und andere Kleinigkeiten
Dr. Love gibt Auskunft
dtv 20416

Hugh Mackay
Warum hörst du mir nie zu?
Zehn Regeln für eine bessere Kommunikation
dtv 36546

Heike Olbrich
Jörg Schmidt
Die Verflossenen
Risiken und Nebenwirkungen · dtv 36230

Anne Wilson Schaef
Die Flucht vor der Nähe
Warum Liebe, die süchtig macht, keine Liebe ist
dtv 35054

Peter Schellenbaum
Die Wunde der Ungeliebten
Blockierung und Verlebendigung der Liebe · dtv 35015
Das Nein in der Liebe
Abgrenzung und Hingabe in der erotischen Beziehung
dtv 35023
Aggression zwischen Liebenden
Ergriffenheit und Abwehr in der erotischen Beziehung
dtv 35109

Christine Schmid-Fahrner
Spielregeln der Liebe
Integrativ systemische Paartherapie
dtv 35143

Claudia Schreiner
Wenn Frauen zu viel arbeiten
Alles erreicht und nicht angekommen
dtv 36116

Judith S. Wallerstein,
Sandra Blakeslee
Gute Ehen
Wie und warum die Liebe bleibt
dtv 36119

Nancy Cocola Wasserman
Zu sechst im Bett
Wie Eltern und Schwiegereltern in jeder Ehe mitmischen · dtv 36146

Sharyn Wolf
Ein Traumpaar für immer
Guerillataktiken für eine glückliche Ehe
dtv 36083

Eugen Drewermann im dtv

»Drewermanns Sprache schließt auf und rührt an, gibt neue Erkenntnisse frei.«
Lisbeth Haase, ›Lutherische Monatshefte‹

Giordano Bruno oder Der Spiegel des Unendlichen
dtv 30747

17. Februar 1600: Auf dem Campo dei Fiori in Rom stirbt der große italienische Philosoph Giordano Bruno auf dem Scheiterhaufen der Inquisition. Eugen Drewermann versetzt sich in die Lage des Ketzers während seiner Haft – was mag er gedacht, gefühlt, gehofft, gefürchtet haben? Würde man tatsächlich die Wahrheit zum Tode verurteilen?

Lieb Schwesterlein, laß mich herein
dtv 35050

Der Autor deutet bekannte und unbekannte Märchen der Gebrüder Grimm tiefenpsychologisch und macht ihren Inhalt als Lebenshilfe für alle transparent.

Rapunzel, Rapunzel laß dein Haar herunter
dtv 35056

Grimms Märchen tiefenpsychologisch gedeutet – Eugen Drewermann zeigt anhand von neun ausgewählten Märchen, »daß man eine menschliche Wirklichkeit nur gestalten kann, wenn man die Alpträume des menschlichen Herzens durcharbeitet und zur Wahrheit der Liebe erlöst.«

Die Botschaft der Frauen
dtv 36023

Der Theologe und Psychanalytiker Eugen Drewermann durchbricht hier mit seinen Darlegungen vehement die erstarrten Vorstellungen von der Frau in Glaube und Kirche und macht deutlich, wie hoch er Würde und Wert der Frau einschätzt.